职业生涯六堂课

姚先桥　编

机 械 工 业 出 版 社

面对职业规划，你为什么会迷茫？

面对职业选择，你为什么会盲目？

跳槽为什么越跳越糟？

职业转型为什么屡次失败？

工作没几年为什么就产生了职业倦怠？

怎样解决上述问题，这是每一个职场人士必须思考的问题。研读《职业生涯六堂课》，您将知晓其中的一切。

图书在版编目（CIP）数据

职业生涯六堂课/姚先桥编．—北京：机械工业出版社，2012.10

ISBN 978-7-111-40210-7（2013.4 重印）

Ⅰ．①职…　Ⅱ．①姚…　Ⅲ．①职业选择—通俗读物　Ⅳ．①C913.2-49

中国版本图书馆 CIP 数据核字（2012）第 255189 号

机械工业出版社（北京市百万庄大街 22 号　邮政编码 100037）

策划编辑：宋　华　　责任编辑：聂志磊

版式设计：霍永明　　责任校对：王　欣

封面设计：路恩中　　责任印制：杨　曦

北京双青印刷厂印刷

2013 年 4 月第 1 版第 2 次印刷

169mm×239mm · 10.75 印张 · 189 千字

3 001—6 000 册

标准书号：ISBN 978-7-111-40210-7

定价：22.00 元

凡购本书，如有缺页、倒页、脱页，由本社发行部调换

电话服务	网络服务
社服务中心：（010）88361066	教材网：http://www.cmpedu.com
销售一部：（010）68326294	机工官网：http://www.cmpbook.com
销售二部：（010）88379649	机工官博：http://weibo.com/cmp1952
读者购书热线：（010）88379203	**封面无防伪标均为盗版**

推荐序一　每个人都应上职业生涯课

2012年6月30日，姚先桥在天津为天津滨海快速交通发展公司管理人员讲授“管理者的领导力和执行力”培训课程之后来到我家，简短寒暄后，他拿出《职业生涯六堂课》书稿，并请我写序。对此，我十分乐意。

从人才学研究角度来看，每个人都应当上职业生涯课，而且不仅仅上一次或一年。职业生涯课程内容十分广泛，如从自我认知、职业定位到职业目标、职业规划；从职场情商、职业转型到职业培训、职业发展等。职业生涯基本上伴随着我们一生，职业生涯平庸，则人的一生平庸，职业生涯成功，则人的一生成功。多上职业生涯课，多学习和掌握职业生涯领域的知识，能使我们的人生少走一点弯路，多增加一点辉煌。

古今圣贤及职场成功人士，无不高度重视对职业生涯的整体谋划与布局。中国古代教育家孔子在《论语》中说：“吾十有五而志于学，三十而立，四十而不惑，五十而知天命，六十而耳顺，七十而从心所欲不逾矩。”这段广为流传的经典语录，实际上是孔子对自己和他人不同年龄段职业生涯及应达到的阶段目标提出的观点。譬如，孔子的“四十而不惑”，是因为在这个年龄段，知识丰富，见多识广，且有了自己独立思维的能力，因而对人间的一切事情，都能明白道理而不再感到困惑。微软公司前高管李开复在《微软：激发个人潜能，鼓励有用创新》一文中指出：“成功就是成为最好的自己，成功的第一步：把握人生目标，做一个主动的人；成功第二步：尝试新的领域，发掘你的兴趣；成功第三步：针对兴趣，定阶段性目标，一步步迈进。”李开复的职业发展与成功，同他领悟的职业生涯智慧是分不开的。

改革开放初期，提出“自我设计”的人，曾经被视为大逆不道。值得欣慰的是，现在谈自我设计、职业生涯设计，不仅应该，而且时尚了。职业生涯课，在国外非常普通，并且已经得到实践。例如，瑞士诺华制药公司是全球第五大制药公司。诺华制药公司在招聘员工时，非常关心职位候选人个人的职业发展规划与自我意识。诺华制药公司希望了解候选人是如何进行自我职业发展规划的，他们是如何评价和认识自我的。诺华制药公司关注的是候选人希望自己做什么样的工作，成为什么样的人。它会告诉候选人，如果你在这里工作得不开心，那么，诺华制药公司就无法达到双赢的结果。由此可见，诺华制药公司对员工个人职业发展规划与自我意识是十分看重的。无论是职工个人还是企业组织，都应加强对职业生涯方面知识的学习和应用。

姚先桥撰写的《职业生涯六堂课》，为每个人都上职业生涯课提供了一本综合性、案例性和指导性的培训教材。

首先是综合性。《职业生涯六堂课》分为六大部分，即职业规划——为职业生涯发展导航；职业选择——为职业生涯发展决策；职业定位——为职业生涯发展聚焦；职场情商——为职业生涯发展奠基；职业转型——为职业生涯发展突破；职业发展——为职业生涯发展加油。这六大部分包括了职业生涯的主要内容，任何一个在职业生涯存在困惑、问题的职场人士，都可以从中找到答案和问题解决方案。

其次是案例性。《职业生涯六堂课》的案例十分精彩，始终以案例为核心，展开理论阐述和方法指导。诸多娓娓道来的案例，以及对案例的科学分析与剖析，拉近了与读者的距离，这比空洞的理论说教更能让读者阅有所思、阅有所感、阅有所行和阅有所得。

再次是指导性。《职业生涯六堂课》是一本在职业生涯规划、定位、选择等领域具有指导价值的书籍。每个知识点既有理论阐述，又有方法指导。其方法指导言简意赅，易懂、易记、易应用，读者倘若能潜心应用，贯彻于自己的职业生涯实践之中，必能有助于职业生涯的发展与成功。

姚先桥为撰写本书用了近四年的宝贵时间和精力。书中的很多案例和故事，都源于他长期在武汉华中新世纪人才开发交流有限公司举办的华中人才市场为广大求职者提供的公益性就业指导和职业生涯规划咨询服务。编者所学、编者所思、编者所悟、编者所得，是本书的一大特色，其真实性和指导性是毋庸置疑的。

职业生涯有智慧，更有规律。每个人的职业生涯发展与成功都不是随随便便的，而是有客观规律的。我认为《职业生涯六堂课》是一本探索、总结职业生涯发展与成功规律的好书，值得向更多的未入职场和已入职场的人士推荐。

企盼每个人都能上职业生涯课，更企盼大家的职业生涯都成功。

我国著名人才学家、中国人事科学研究院前院长

王通讯

2012年7月8日

推荐序二　一本值得信赖的书

2012 年 7 月初，姚先桥在武汉华中新世纪人才开发交流有限公司（以下简称华中人才公司）举办华中人才市场为求职者做公益性就业指导和职业生涯规划咨询服务之后，来到我的办公室，他说自己将四年来为求职者做公益性就业指导和职业生涯规划咨询服务的实践写成了《职业生涯六堂课》一书，并请我为该书作序，我欣然答应了此事。

《职业生涯六堂课》是一本值得信赖的书，这要从我认识姚先桥，关心、支持姚先桥从事公益性就业指导和职业生涯规划咨询服务的经历和过程说起。

2005 年 4 月，华中人才公司开拓了一个培训业务——海天国际武汉经理人俱乐部，该俱乐部每周六、周日举办培训活动，通过网络视频，参加国内知名培训师讲授有关人力资源管理、市场营销等培训课程。姚先桥是海天国际武汉经理人俱乐部的学员，他的好学精神给我留下了深刻印象。

2008 年 9 月，姚先桥送给我他的第一部著作《培训智慧论》，阅读这本书后，我才知道他是一位资深培训师。由于该书由作者自己发行，姚先桥向我提出同华中人才公司合作的意向，即在华中人才市场为求职者提供公益性就业指导和职业生涯规划咨询服务之际，销售《培训智慧论》一书。起初我对他能否为求职者提供这种高端咨询服务的能力和水平表示怀疑，于是我嘱他拿一个合作方案。半个月后，他向我提交了一份《姚先桥参与华中人才公司就业指导、职业生涯规划免费咨询服务项目及销售〈培训智慧论〉一书的报告》。

我阅读了这份详细的报告，逐渐打消了我心中的疑虑，为他的敬业精神所折服，并希望姚先桥尽早来到华中人才市场为求职者做公益性就业指导和职业生涯规划咨询服务。

从 2008 年 10 月初至 2012 年 2 月，姚先桥作为一个志愿者每逢周六上午 9:00 至下午 1:30 会出现在华中人才市场（2012 年 3 月以后，由于他工作繁忙，咨询时间改为每月的第一个周六上午 9:00 至下午 1:30），无论是严冬还是酷暑，他总能坚持不懈。迄今为止，在四年时间里，他为 7 000 多位求职者提供了公益性就业指导和职业生涯规划咨询服务。

我作为华中人才公司的总经理，偶尔到华中人才市场现场巡视并检查工作，每一次巡视，我都发现姚先桥以非常认真、严谨和科学的态度为求职者作咨询，如耐心聆听求职者提出的各种问题，科学回答求职者提出的各种问题。由于姚先桥工作经历、阅历丰富，知识面广，看问题比较准确、深刻，因而他为求职者提出的见解和建议的系统性、科学性和实效性较强，常常引来不少求职者的围观聆听，他提供咨询服务热情、认真、尽职尽责的态度以及咨询能力和水平受到了求职者的广泛好评。由于《培训智慧论》一书受读者对象限制，加之求职者以应届大学毕业生为主体，偶尔会销售几本，但姚先桥没有因此而降低为求职者提供咨询服务的热情与水平，更没有终止同华中人才公司的合作，这可证明他的志愿者行为并没有掺杂个人的功利之心。

姚先桥是一个有心人，《职业生涯六堂课》中所有案例及故事都从他在华中人才市场为广大求职者做公益性就业指导和职业生涯规划咨询服务过程中收集、整理而来，是彻头彻尾地从实际中来，然后去指导实际。没有丝毫的胡编乱造，这种认真、严谨和求实的治学精神是值得学习和借鉴的。

《职业生涯六堂课》是姚先桥多年从事就业指导和职业生涯规划咨询服务的经验和总结。读者倘若能认真研读本书，对于推进个人职业生涯发展将是大有裨益的，我深信这一点。

湖北省人力资源服务行业协会副会长
武汉市人力资源服务行业协会副会长
武汉华中新世纪人才开发交流有限公司总经理
段 兆
2012年7月9日

前　言

近 10 年来，如何制订和实施职业生涯规划的问题，引起了职场人士尤其是应届大学毕业生的高度重视和关注。学习和领悟职业生涯规划理论知识，指导自己职业生涯规划的实践，使自己早日成才，实现职业生涯规划的目标，以此引领和激励自己人生与事业的不断发展。我认为，一个职场人士如果对职业生涯规划的知识一无所知，那么他的人生与事业是很难创造精彩与辉煌的。因此，探索和躬行职业生涯的智慧，无论对于自己还是企事业单位，都是大有裨益的。

本书是在向广大求职者或职场人士进行就业指导或职业生涯规划的大量案例中精心挑选、整理和研究而写成的。姓名以“小张”、“小李”等取而代之，所咨询的内容是真实可信的。本书内容由六堂课组成，即职业规划课、职业选择课、职业定位课、职场情商课、职业转型课、职业发展课。每堂课既相对独立，又相互联系；在每堂课的文稿结构上，由编者与求职者的问答、理论阐述、方法指导三部分组成，形成一个有机的系统，能让读者感知编者是如何为求职者提供就业指导和职业生涯规划服务的，能使读者从理论和方法上领悟职业生涯智慧的真谛。

任何人的职业生涯无一例外是一条单行线，在青年时代，如果错过了制订和实施职业生涯规划的最佳时机，对于个人职业生涯发展的影响将是极为严重的。因此，如何在十分有限的职业生涯时间与空间里，创造自己职业生涯的辉煌，是每一个职场人士应思考的重要问题。总之，若要创造自己职业生涯的辉煌，就需要探索和躬行职业生涯的智慧。

编　者

目　录

第一课

职业规划

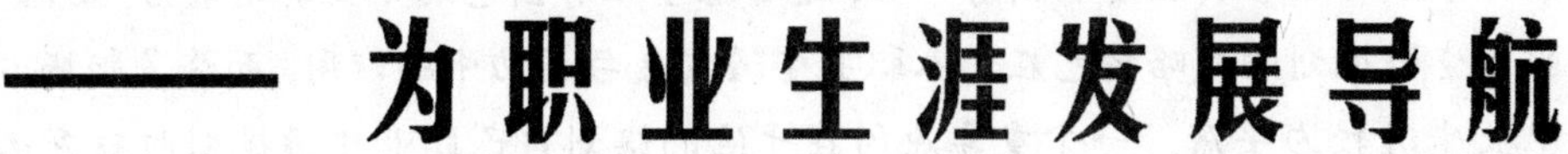

——为职业生涯发展导航

1 职业生涯要有战略规划

小张："我是武汉船舶职业技术学院毕业的一名大学生，学的是轮机工程专业。现已工作四年，在远洋船上从事轮机的操作与维护工作。我现在不想干这项工作了，你认为我该选择怎样的职业？"

姚先桥："你为什么不想干轮机操作与维护工作呢？你当初是怎样选择这个职业的呢？"

小张："当时，武昌造船厂同意我办入职手续，但听同学说，选择'跑'远洋薪酬高，我就选择了'跑'远洋职业。工资待遇确实比较高，但我对远洋船上孤独的生活估计不足，至今对此很后悔，现在能应聘上武昌造船厂就很难了。"

姚先桥："你选择'跑'远洋带有很大的盲目性，在个人职业发展问题上缺乏战略规划，以至于现在跳槽十分被动，你所学的专业是轮机工程，而且有工作经验，你只有到造船厂或船舶维修厂工作，才能发挥专业所长。你就业的工作领域较窄，在求职问题上应该有忧患意识，为今后能在造船厂就业作好充分准备，最后赢得求职的成功。"

理论阐述：职业选择既包括专业岗位的选择，又包括工作单位、地域、工作时间和空间的选择，职业选择离不开职业生涯战略规划。职业生涯要有战略规划，所谓战略规划是指立足于未来个人与职业协调发展，对职业生涯目标、方向、计划等进行超前布局。职业生涯战略规划是人生职业发展的长远大计，其战略特色十分显著。我国香港阳光文化传媒公司董事局主席杨澜的职业生涯战略规划就有浓厚的战略特色，在改革开放初期，她读大学选择专业时，经过慎重分析和研究，毅然选择了外语专业，大学毕业后，她以扎实的英语基础和出色的口语翻译能力，受到中央电视台的青睐，继而成为中央电视台正大综艺栏目主持人。后来，她作为一名记者，采访了数百位各国政要和商务人士，这都源于她有出色的专业英语能力。由此可见，职业生涯规划的战略特色在个人职业生涯发展与成功中的作用。而许多职场人士的职业生涯较为平庸，一个重要原因在于他们谋划自己职业生涯规划时缺乏远见卓识，只顾眼前利益，不思考长远发展，如有的大学生为了实现尽快就业的愿望，随意放弃所学的专业，有的职场人士不知道长期打造专业能力的价值，盲目频繁跳槽，如此等等。因此，在职场上随意放弃所学专业的人，盲目频繁跳槽的人，同职业生

涯发展与成功是无缘的。这启示我们，职业生涯规划要有战略特色，对整个职业生涯发展要进行超前谋划与布局，这将有利于职业生涯发展。

方法指导

（1）提高前瞻性思维能力　制订职业生涯规划并使之具有战略特色，需要前瞻性思维能力。通过对社会某种职业10～20年的需求分析以及个人专业能力、潜力与职业发展与状况分析，提出职业生涯规划战略构想。一个前瞻性思维能力不强的人，其职业生涯规划很难体现出战略特色。

（2）不为眼前利益所诱惑　在追求职业生涯发展过程中，充满了种种诱惑，如眼前利益的诱惑。经不起眼前利益诱惑的人，即便其职业生涯规划具有战略特色，也极有可能变成一张废纸。因此，只有战胜眼前利益的诱惑，才能成为制订和实施职业生涯战略规划的人。

（3）职业生涯规划要有战略特色　职业生涯规划没有战略特色，就不能称为职业生涯规划。职业生涯规划要有战略特色，集中体现在对个人职业发展的长期指导性。人的职业生涯发展是一个漫长的过程，具有战略特色的职业生涯规划，犹如拥有一张航海图，有利于找准职业生涯的发展方向和路径，驶向成功的彼岸。

2 彻底认识自己

小张：“我现在很迷茫，不知道自己的职业发展方向。我2007年毕业于青岛大学，学的是旅游管理专业。毕业后，我没有从事所学专业的工作，而是在青岛从事商务平台相关工作2年，后来我觉得这个工作发展空间有限，而且工资很低，就于2009年夏天回了武汉，做自考班的辅导员，但是我觉得不适合这个工作，后来辞职了。我知道工作不好找，但我更看重工作的乐趣，现在我想找文员方面的工作，但是每次都有诸多要求，所以现在除了销售，只要是我觉得我能做的，我都投简历。我这个人生性比较自由，喜欢有一定空间，想创业但是又找不到合适的契机和项目，现在很苦恼，很想知道自己到底适合什么工作，怎样规划自己的职业生涯，请你指导一下。”

姚先桥：“谢谢你对我的信任。你现在心态很浮躁，这是职业选择的大忌。做好职业规划，关键是要彻底认识自己，弄清楚你愿意从事什么职业，什么职业最能让你发挥自己的专长，如此等等。你在青岛从事商务平台相关工作2年，为什么不在武汉继续从事？另外，你学的是旅游管理专业，也可以选择相关专业，建议你不要轻易选择文员工作，因为这不能体现你所学专业和工作经验的优势。此外，你对自己职业定位不清晰，对所应聘的岗位工作的认知度也不够，这将极大地影响你制订的职业生涯规划。”

理论阐述：制订职业生涯规划，首先要认识自己。是做文员还是做销售员，这涉及个人的职业价值观，两者所需的知识、能力素质截然不同，这两种不同的职业也决定了个人未来的工作方式，因此我们需要花时间去洞察自己究竟喜欢做什么，适合做什么。从职业价值观、兴趣、性格、技能这四个方面逐项做分析，倾听自己内心的声音，就会找到自己期望从事的职业。在职场上，有的人不乏职业生涯规划意识，但仍经常徘徊于多种职业选择之中，如这山望着那山高，频繁更换职业，导致最后不清楚自己适合从事哪种职业，究其根本原因，乃是对自己缺乏深刻认识所致。知人者智，自知者明。认识自己是人生一种最高智慧，同时也是职业生涯的最高智慧。因此，在制订职业生涯规划前期，要通过多种途径有意识地彻底认识自己，制订最适合自己天赋、兴趣、性格和特长发展的职业生涯规划，这才是最有价值的。

方法指导

（1）提高认识自己的意识　认识自己是制订职业生涯规划的基础，一个没有认识自己的职业生涯规划，必然是盲目的，没有科学依据的。因此，作为大学生，在迈入职场以及制订职业生涯规划之前，要尽可能认识自己，这包括认识自己的职业价值观、职业理想、职业兴趣和职业特长等，为制订职业生涯规划提供科学依据。

（2）掌握认识自己的方法　认识自己有方法可寻，认识自己的方法主要包括：一是他人评价法，通过他人评价认识自己；二是职业实践法，通过投身于职业实践认识自己；三是自我反思法，通过对自己的深刻思考认识自己。总之，只有掌握认识自己的方法，才有可能达到彻底认识自己的目的。

（3）应用认识自己的成果　彻底认识自己的目的，是为了确定自己的职业发展方向和目标，并为制订和实施职业生涯规划提供科学依据。如果将认识自己的成果束之高阁，为了认识自己而认识自己，就很难达到这一目的。因此，应用认识自己的成果比认识自己更重要。

3 理性评价性格在职业生涯规划中的作用

小高："我是2009年应届毕业生，读的是市场营销专业。我是一个性格内向的人，所以不适合从事市场营销职业，一直想从事文秘岗位的工作。同学们都说职业生涯规划很重要，我现在很迷茫，如果从事市场营销，我的性格不适合，如果从事文秘工作，我又缺乏相关专业知识背景。请问，我该如何规划自己的职业生涯？"

姚先桥："每个人都有自己的性格，性格特征是制订职业生涯规划的一个要素，而不是全部，因此，不能将性格作为制订职业生涯规划的唯一依据。当涉及具体职业生涯规划时，还要根据个人人生愿景、职业价值观、所学专业、工作技能、成长经历和社会科技与经济发展状况等各种因素进行综合考量，才能得出具体的结论。况且人的性格是可以改变的，当你投身市场营销实践后，就会逐渐培养外向型性格。如果你对从事市场营销职业有兴趣，基于你有多年积累的市场营销专业知识，建议你从事市场营销工作，并在此基础上制订职业生涯规划。"

理论阐述：性格同职业规划有密切联系，但性格不是职业规划的唯一因素，夸大性格在职业规划中的作用，就会陷入唯性格论的思维误区。某种性格是否适合从事某种具体职业，要经过职业实践的检验。市场营销是一个大的职业概念，业务员需要外向型性格，而内向型性格的人同样可以从事营销策划、营销内勤职业。因此，在考量性格与职业规划的相互关系时，要具体情况具体分析，而不能从抽象的概念出发，给性格与职业规划贴标签。人的性格能够随着参与职业实践活动而发生改变。笔者是一位培训师，10年前是一位非常内向的人，不敢与陌生人说话，更不用说与陌生客户进行沟通与洽谈了，而现在，内向型性格得到很大的改变，不仅能独立拜访陌生客户，同他们洽谈、签约，而且还站在众多的陌生学员面前自信、从容地授课，没有流露出一点紧张和恐惧的情绪，这充分说明，人的性格是可以在职业实践活动中得到改变的。问题的关键在于，我们是否具有在职业实践中改变自己性格的意识和能力。

方法指导

（1）不要放大性格的作用　某种性格特征对于从事某种职业有一定的影响，

但很难有决定性的影响。如果视性格为职业发展的唯一要素，那么，就放大了性格在职业发展中的作用。人的性格差异是相对的，不同性格的人同样可以从事同一种职业，诸如，性格外向的人可以做销售，性格内向的人同样能够做销售，性格内向的人的专注、执著精神是从事销售职业的重要因素。

（2）综合思考职业规划　制订职业生涯规划，需要思考多种因素，这包括个人职业价值观、所掌握的专业知识、技能、对职业的兴趣、爱好、职业的社会发展趋势等，只有通过综合思考，制订的职业生涯规划才具有科学性和可行性。倘若以个人性格特征作为制订职业生涯规划的唯一参照系，那么这种规划就没有科学性和可行性可言。

（3）有意识改变性格　人的性格是可以改变的。当我们所从事的职业同自己的性格不相吻合时，就要有意识地改变性格，使自己的性格同所从事的职业相适应。长期的职业实践能够改变一个人的性格，只要我们有这样的认知，性格的改变并不是一件困难的事情。

4　制订职业生涯规划要从读大学开始

小李：“我是武汉商业服务学院的一名大学生，所学专业是商务管理，正在读大一。我一直在思考未来职业生涯发展的问题。我就读的是商务管理专业，毕业后能否找到工作？能否从事商务管理工作？”

姚先桥：“很高兴同你交流这个问题。我非常欣赏你的职业生涯规划意识，大学还未毕业，就对未来就业进行前瞻性思考。规划职业生涯要从读大学开始，这是我们应当领悟的职业生涯智慧，而大学毕业后再去规划自己的职业生涯，就显得太晚了，其效果就会大打折扣。”

小李：“请问我现在该如何规划自己的职业生涯？”

姚先桥：“你所读的商务管理专业，是一个较难就业的专业，一是这个专业包罗万象，面太广，诸如市场营销、会计、文秘、法律等无所不包，缺乏专业特色；二是缺乏实践性。管理是一门实践科学，从事商务管理，仅仅学了商务管理理论知识是远远不够的，你毕业后直接从事企业管理岗位的概率并不高，对此，你应当有足够的准备。我对你规划自己的职业生涯提出如下建议：一是要认识自己。能够认识自己是一大智慧。认识自己包括认识自己职业生涯愿景与梦想、个人所学的专业、个人职业倾向及爱好、个人性格等。二是认识社会。制订职业生

涯规划离不开认识社会。这包括产业发展动态与趋势、职业的社会需求等。三是认识企业。企业是职业发展的舞台，认识企业包括认识企业所处的行业及发展背景，认识企业职业发展条件和环境等。将上述三个方面认识清楚了，基本上就能做到知己知彼，这是制订职业生涯规划的基础，有了这个基础，制订职业生涯规划就水到渠成了。”

理论阐述：大学阶段制订职业生涯规划及目标与未来职业发展的关系十分密切。哈佛大学曾进行过这样一项跟踪调查，对象是一群在智力、学历和生活环境等方面条件差不多的年轻人。调查结果发现，27%的人没有目标，60%的人目标模糊，10%的人有清晰但比较短期的目标，其余3%的人有清晰而长远的目标。25年后，哈佛大学再次对这群学生进行了跟踪调查，结果是：3%的人在25年间成为社会各界的成功人士；60%的人安稳地生活与工作着，没有什么特殊的成绩；27%的人，他们没有目标，过得很不如意。哈佛大学的这个调查数据值得我们深思，大学生在大学阶段制订职业生涯规划是非常重要的，大学生如果对职业生涯规划采取冷漠的态度，那么，未来职业生涯发展的空间将是极为有限的。

方法指导

（1）培养职业生涯规划意识　是否具有职业生涯规划意识，是制订和实施职业生涯规划的前提条件，因此，大学生在读大学期间，要培养职业生涯规划意识，学会从多角度和多层面认识自己、社会和企业，理清人生职业梦想，确定职业发展目标，对未来从事的职业进行超前定位等。浓厚的职业生涯规划意识，能够引导大学生规划自己的职业生涯。

（2）阅读职业生涯规划书籍　大学生在大学阶段制订职业生涯规划，离不开理论知识指导，因此，阅读职业生涯规划书籍就显得至关重要。只有深入学习和掌握职业生涯规划的基本概念、原理和方法，才能有效增强职业生涯规划意识，才能有效提高职业生涯规划的能力。

（3）制订职业生涯规划　大学生在读大学期间，就要开始着手制订职业生涯规划，通过书面形式，对自己职业生涯规划进行设计和撰写，以指导自己在大学期间确定职业生涯理想与目标，以及毕业后的职业定位与发展。

5 用正确的人生观统领职业生涯发展

小吴："我对于未来的人生感到绝望，现在对于我来说，连生存的勇气都没有！"

小吴的妈妈："他经常在家里说：'让我好好活几年算了。'他经常抱怨父母没有能耐、没有'关系'（找门路），不能为他谋一份好工作，做父母的谁不希望自己的子女能有一份好工作，但我们确实无能为力，请你指导一下他。"

姚先桥："请问你毕业于哪所大学？学的什么专业？现在从事什么工作？工作之余有哪些业余生活？"

小吴："我毕业于武汉一所二类本科院校，学的是计算机网络专业。目前在一家酒店做服务生，每天晚上工作，白天就玩网络游戏，玩的时间一般为 4～5 小时。"

姚先桥："目前就业压力确实比较大，但还不至于到了不尊重生命的程度。生命是宝贵的，作为一个男子汉应当活出自己的精彩。北京有一位袖珍女人——吴小莉，身高仅有 1.12 米，她却有阳光般的心态，她说：'母亲形容我是一株小小的茉莉花，永远散发着茉莉香，所以取名小莉。我们和常人没有什么不同，只是矮了一截而已，我们也有梦想，有追求，有激情，有爱。母亲从小告诉我，身材袖珍并不是我的错，也不是我能够改变的，这个世界有很多人比我不幸得多，我有什么理由自暴自弃呢。'吴小莉于 2006 年在网上创办'中国袖珍人联谊会'，2009 年创办中国袖珍人皮影剧团，带领 10 多个袖珍人为儿童服务。她自强不息的故事是感人至深的。吴小莉拥有这种阳光的心态，源于她有一个正确的人生观，你现在当务之急是要树立正确的人生观，这包括珍视生命、自强不息和自己的事情自己做等。要用正确的人生观统领职业生涯发展。如果你不能做到这一点，你还会陷入泥潭而难以自拔。谈到择业，建议你选择从事计算机网络相关的职业，如计算机网络维护、网络管理等。希望你不要沉迷于网络游戏，它会浪费你宝贵的人生光阴。在一个竞争与压力并存的时代，自暴自弃是没有任何出路的，这是我对你的忠告。"

理论阐述：树立正确的人生观同职业生涯发展的关系十分密切。人生观的正确与错误，将会极大影响从业者的职业心态、思想和行为。正确的人生观能培养良好的职业心态、思想和行为，而错误的人生观会使从业者染上不健康的职业心态、思想和行为，这是带有规律性的认识。求职者或职场人士应当充分认识这个

规律，将塑造正确的人生观放在首位，用其统领职业生涯发展，这在人生整个职业生涯发展中具有举足轻重的作用。没有正确的人生观，其职业生涯的发展必将会遭遇挫折乃至困境，即便是专业才能优秀者也是如此。而拥有正确人生观的人，则能引导和激励人们通过不懈努力，实现职业生涯的发展目标。

方法指导

（1）树立正确的人生观　人生观是人们对人生总的看法。人生观包括荣辱观、苦乐观、生死观等。正确的人生观能引导人们正确地认识人世间的荣与辱、苦与乐、生与死等。如有的人将工作视为快乐，而有的人将工作视为劳役，前者折射出正确的人生观，后者反映出错误的人生观。很显然，将工作视为快乐的人，其职业生涯更容易获得成功。

（2）用正确的人生观指导职业生涯发展　职业生涯无边无际，卓越的职业生涯要有导航仪指引航向，而正确的人生观则是职业生涯的导航仪。用正确的人生观做导航仪，其职业生涯获得发展则是必然的，而没有正确的人生观作指导，其职业生涯发展遭遇困难将是理所当然的。

（3）用正确的人生观渗透职业生涯发展　任何人的职业生涯发展绝对不可能是一种孤立的行为，其与人们拥有正确人生观有着直接、密切的联系。拥有正确的人生观，能促进职业生涯发展，而拥有错误的人生观，则会阻碍职业生涯发展。因此，作为职场人士，要用正确的人生观渗透职业生涯发展，使两者相互交融，构成一个有机整体。

6　树立正确的人生观

小陈："我是武汉一所高校的大学生，专业是国际经济与贸易，2009 年 7 月毕业，但我不喜欢从事国际经济与贸易的相关工作。我英语六级，想考研，想成为一名英语教师或一名翻译。我要咨询的问题是，现在最佳选择是考研还是就业？"

姚先桥："你所学的专业是国际经济与贸易，为什么不想从事同这个专业相关的工作呢？"

小陈："我不喜欢与人打交道，见到陌生人会感到恐惧，在我的潜意识里，人人都像恶魔一样，所以我不愿意从事国际经济与贸易的相关工作。"

姚先桥："我理解你同陌生人打交道的恐惧心理，不善于社交的人或多或少会有这种心理。但是我绝对不认同你所说的'人人都像恶魔一样'的观点，如果你继续坚持这个观点，那么将极不利于你建立良好的人际关系，你的人际关系不好，不善于尊重、理解他人，不善于同他人沟通与合作，那么你的职业发展的空间将是极为有限的，而这一切都源于你的这个观点。这反映出你的人生观不正确，这个世界毕竟是好人多，坏人的数量是很少的一部分。如果树立正确的人生观，把每个人都视为天使一样，那么，我们的心态就要阳光得多；而如果视人人为恶魔，那么自己也将沦为恶魔的一分子。我对你职业指导的建议是要树立正确的人生观，把'人人都像恶魔一样'的观点，改为'人人都是天使'。希望你能铭记。"

理论阐述：职业生涯成功同树立正确人生观的关系十分密切。一个没有正确人生观的人，其职业生涯成功将是很难的。如果对什么是幸福、快乐，什么是正义、邪恶都没有一个正确的认识，那么在职场就会遭遇很多困境。譬如怎样看待职场人际关系——在职场上，倘若我们以尊重、关心和帮助的心态对待我们的上司、下属和同事，那么，我们的人际关系就会和谐，我们的职业发展也会赢得他们的关心和帮助，这将极有利于个人职业生涯的发展。人生观作为对人生总的观点或理念，其包括很多内容，如道德观、苦乐观、幸福观等，如果没有树立正确的道德观、苦乐观、幸福观，我们的职业生涯规划在实施过程中就会遇到种种观念的障碍，诸如，没有正确的道德观，把他人当做恶魔，那就很难结交朋友，更不用说得到他人的帮助了。因此作为职场人士，若要实现职业生涯发展，就必须学会用正确的人生观打造自己。一个拥有正确人生观的人，比拥有错误人生观的人更容易获得职业生涯的成功。

方法指导

（1）领悟正确的人生观　领悟正确的人生观是树立正确人生观的前提。领悟正确人生观的核心是能够分清行为的好与坏，崇尚好的，抛弃坏的。例如，崇尚认真工作，抛弃敷衍工作；崇尚团队合作行为，抛弃个人英雄主义行为等。一个不能分清行为好与坏的人，是很难树立正确人生观的。

（2）认同正确的人生观　认同正确的人生观就是对正确人生观的推崇和相信，不产生与正确的人生观相悖甚至对抗的思想和行为。一个人一旦认同正确的人生观，那么正确的人生观才能树立并主宰其思想与行为。认同正确的人生观要从“心”开始，那种口头上说一套，心里想另一套的人，其根源在于思想并没有认同正确的人生观。

（3）躬行正确的人生观 评判一个人是否具有正确的人生观，一个重要标准就是要考察其在工作和学习实践中是否躬行和体现了正确的人生观。说得好不如做得好，躬行正确的人生观比领悟和认同正确的人生观更有价值，更能带来职业生涯的成功。

7 职业生涯规划要有系统性

小雷：“我毕业于武汉一所高校的信息传播学院，学的是会展策划专业，现在很迷茫，不知道怎样规划自己的职业生涯和未来发展方向。”

姚先桥：“你迷茫的具体行为表现是什么？是什么因素导致你迷茫的？”

小雷：“一方面，我想从事会展策划职业，但苦于没有从业经验；另一方面，我有志成为一名培训师，但我缺乏人生阅历和工作经验。你认为我该怎样求职？怎样实现职业生涯梦想？”

姚先桥：“职业生涯规划要有系统性，如人与目标系统、人与行业系统、人与企业系统、人与阶段系统和人与时间系统等。如果你可以系统地规划职业生涯，梦想是能够实现的。如职业生涯阶段的系统性，你目前处于职业生涯的初级阶段，可以通过应聘到会展策划公司工作积累经验，到了职业生涯中、高级阶段就可以选择会展策划培训师等职业。从时间系统来说，职业生涯规划应有短期、中期和长期之分，三个时期的职业生涯规划在从事工作领域上应有内在联系，并要以长期规划为指南。例如，你的职业生涯规划可以以会展策划培训师为目标，短期从事会展策划职业，从基层工作做起，积累经验，中期规划成为会展策划专业人士乃至精英，为未来从事会展策划培训师奠定基础，远期规划成为一名优秀的会展策划培训师。综上所述，当职业生涯规划具有系统性的时候，你的职业生涯规划才是最有价值的。”

理论阐述：职业生涯规划是一个系统，无论是制订职业生涯规划，还是实施职业生涯规划，都要体现其系统性，这包括人与目标系统、人与行业系统、人与企业系统、人与阶段系统和人与时间系统等。职业生涯规划的系统性，能确保职业生涯规划制订与实施始终是一个有机的整体，有利于职业生涯规划及目标的实现。以人与行业系统为例，中国有句俗话：“男怕入错行。”这说明人的职业发展与行业选择的关系是十分密切的。入对了行，就能有效地发挥自己的聪明才智，实现个人职业发展。因此，职业生涯规划的制订要将人与行业进行系统考虑，其规划才具有科学性、指导性和激励性。有的大学毕业生在制订职业生涯规划时习惯于单一思维，如过于强调个人的兴趣和爱好，忽视企业岗位需求和人才专业素质的匹配，这种职业生涯规划缺乏科学性，极有可能误导个人职业生涯发展。

方法指导

（1）学会系统思考职业生涯规划问题　制订职业生涯规划不能单一思维，从单一视角来规划个人整体职业生涯，难免会出现以偏概全的认识误区，要学会系统思考。因为规划职业生涯需要整合职业生涯的多个要素，如个人价值观、理想、学历、专长、职业兴趣、职业定位、经济环境、行业背景、企业需求和实施步骤等，经过系统思考制订的职业生涯规划就具有科学指导作用。

（2）把握职业生涯各要素之间的内在联系　制订职业生涯规划要把握职业生涯各要素之间的内在联系。职业生涯各要素，如个人理想、职业兴趣、职业定位、企业需求和实施步骤等都有内在联系，不同的要素在职业生涯规划中的作用是不一样的。例如，对自己的职业定位清晰、坚定，这种职业生涯规划的制订和实施就有良好的基础。把握职业生涯各要素之间的内在联系，更能够让我们遵循职业生涯发展的客观规律。

（3）将系统思考成果应用于职业生涯规划之中　职业生涯规划重在谋，而谋贵在系统思考。对职业生涯的系统思考应贯穿于整个职业生涯规划之中，因此，对自己职业生涯进行科学规划，离不开对自我认识、职业目标、职业定位等系统思考成果的应用。这同时要求职业生涯系统思考的成果要有质量和水平，离开了这一点，职业生涯规划的科学性会大打折扣。

8　确定职业生涯发展目标

小张："我大学所学的专业是国际经济与贸易，这个专业涉及的学科很宽泛，没有专业特色，在职场上缺乏竞争力。毕业三年了，我每年至少跳槽三次，从事过的工作有行政部、销售部和研发部的文员，做的都是一些辅助性的工作，对此我很灰心，难道我一辈子都做文员，若从事国际经济与贸易专业的相关工作，我

又缺乏底气。请问我该如何解决确定职业发展方向的问题？”

姚先桥：“我很高兴你能反省自己职业生涯存在的问题。你现在职业生涯遇到的最大问题是没有确定自己的职业生涯目标，三年来你频繁跳槽，不知道自己想从事什么工作，能够从事什么职业，跳来跳去，没有自己在职场上的竞争力，令人可惜。此外，你对从事文员岗位工作缺乏正确的认知，做文员让你很灰心，这种工作心态需要及时调整。目前，你需要仔细盘点一下自己，审视自己爱好什么职业，能够从事什么工作，然后确定职业生涯发展目标。如果你想从事国际经济与贸易专业的相关工作，应尽早下决心，并选择能够发挥你专业特长的企业；倘若你乐意从事文员岗位，也要早抉择，并且选择具有挑战性的文员岗位，诸如研发部文员或营销部文员，然后确定自己的职业发展目标。你不能再在职业选择上“左摇右晃”了，如果你再晃上几年，你未来职业生涯的发展空间将是极为有限的，希望你能从职业发展的战略高度确定职业生涯发展目标。”

理论阐述：如何确定职业生涯发展目标对于一个职场人士来说太重要了。职业生涯的成功同自己确定的职业生涯发展目标的关系十分密切，人们确定的职业生涯目标的大小决定了职业生涯成功的程度，世界上少有没有确定职业生涯目标而最终实现职业生涯发展目标的案例，任何轻视确定职业生涯发展目标在职业生涯中作用的观点和行为，都会犯战略性的错误，轻者会影响工作心态，重者会导致职业生涯难以获得发展。

方法指导

（1）深刻认识自己和社会　确立职业生涯发展目标是以深刻认识自己和社会为前提的。深刻认识自己是指对自己的职业志向、爱好、专业知识积累等全方位的了解和审视，使确定职业发展目标同自己内心的职业发展期望相吻合；深刻认识社会是指对所从事的行业、职业的社会需求以及从事职业的本质特征进行深刻的洞察和把握，使自己确立的职业发展目标同外部社会环境相协调。因此，在深刻认识自己和社会的基础上确定的职业生涯发展目标才是最有价值的。

（2）科学设定目标　职业生涯发展目标是引领职业生涯发展的一座灯塔，因此，职业生涯发展目标的设定要科学，而不要盲目和草率。科学设定目标是指职业生涯目标要可量化、可考核和可实现。可量化，即用数据描述职业生涯发展目标；可考核，即所设定的职业生涯发展目标是能够用于考核和评估的；可实现，即所确定的职业生涯发展目标经过努力是可以实现的。作为应届大学毕业生或职业人士，要充分认识科学设定目标在个人职业发展中的重要作用，科学设定目标能够激励我们向着未来职业生涯成功的彼岸努力。

（3）推进目标实施　确定了职业生涯发展目标，并不等于职业生涯发展目标就能实现，人的职业生涯目标从确定到实现有一个相当漫长、曲折，需要付出艰苦努力的过程。因此，推进职业生涯目标的实施就显得至关重要。推进职业生涯目标实施的方法，一是要坚定目标信念，在目标实施过程中，不要轻易更改目标和降低目标，要表现出“咬定青山不放松”的精神；二是强化行动能力，在实施职业生涯目标领域要表现出较强的行动能力，少说、多做，并长期坚持不懈；三是要定期检查和修正，实施职业生涯目标，其时间周期较长，定期检查、修正职业生涯目标是非常有必要的。

9 在实践中探明职业发展方向

小张：“我是湖北中医学院的本科生，毕业已经五年了，专业是中医。毕业后，我在深圳一家企业做文员，现在回武汉求职。10年前，我在填报志愿时选择了中医院校，谁知毕业后，要在专业对口的中医院就业难于上青天，因为各省、市中医院数量极少。我们大学毕业的同学80%都转行了，这是无奈的选择。我想咨询的问题是，我学的是中医专业，又不能到中医院工作，我未来的职业发展方向究竟在哪里？”

姚先桥：“你学的是中医专业，但没有从事本专业工作，这无疑有点遗憾，但你也无需怨天尤人。单从专业角度找工作是一个误区，同一专业可以选择多种不同职业，甚至可以跨行业。至于你未来的职业发展方向在哪里，我给你提出思路仅供参考：一是你要花两天时间在一个安静的环境里，扪心自问，你最想成为一个什么样的人？你最想从事什么职业？而且要写出充足的理由，能有效说服自己，以此作为选择职业的科学依据。二是参与职业社会实践，探明自己职业发展方向的唯一方法是参与职业社会实践，让实践见证你选择的职业发展方向是否正确，其价值远远胜于个人主观判断和他人的建议。根据你所学的专业知识，你可以选择应聘中医院的有关职位，如药剂科发药人员、中药采购，中药生产企业的产品研发和市场营销。我不知道你是否涉猎过上述职业，如果没有尝试过，建议你参加上述职业的社会实践，让实践检验你的职业选择是否科学。望你能尽快作

出抉择，否则你在职业选择上再晃上几年，职业生涯就很难有什么大的发展了。”

理论阐述：职业选择的一个重要内容是职业发展方向的选择，这是职业生涯的战略选择，选择正确与否，将决定个人整个职业生涯的成败，其价值非同小可。任何一个职场人士对此切不可粗心大意，任何轻率、盲目的选择都会遭遇整个职业生涯的失败。然而，职业生涯发展方向的选择，一是来自于个人内在的职业价值观和需求。美国心理学教授约翰·霍兰德认为，职业性向包括价值观、动机和需求等，是决定一个人职业选择的重要因素。他基于自己职业性向的测试研究，提出了个性——工作适应性理论，将个人的职业性向划分为实际型、艺术型、研究型、社会型、事业型和常规型6种。同时，他将职业类型也相应地分为上述6种类型，诸如社会型职业（教师、护士、律师等）喜欢参加咨询、培训、教学和各种理解、帮助他人的活动，具有与他人相处共事的能力。约翰·霍兰德的职业性向理论是选择职业发展方向的一个理论依据。二是来自于个人参与职业的社会实践。实践是检验选择职业发展方向是否正确的唯一标准。一个橘子是甜还是酸，需要亲自尝一尝，一个人在选择什么职业最适合自己天赋、个性和才能的发展时，也需要参与职业的社会实践。如果经过职业的社会实践检验，认为该职业最适合自己天赋、个性和才能的发展，那么就应坚信自己的职业发展方向。

方法指导

（1）不要给自己贴标签　在选择和确定职业生涯发展目标时，不要给自己贴标签。贴标签就是给自己“定调子”、“画框框”。诸如“我学市场营销专业，但我做不了业务员”，“我没有管理天赋，所以当不了部门经理”等。在职业发展方向选择上给自己贴标签，将会从根本上束缚个人未来职业生涯的发展。

（2）积极参与职业社会实践　实践出真知，探明个人职业发展方向，一个最重要的途径就是积极参与职业社会实践。一个人对某种职业的爱好和所表现出来的天赋、能力和业绩，往往需要参与多项职业社会实践才能逐渐发现并确认，职业社会实践为选择职业发展方向奠定了坚实的基础。

（3）坚守职业发展方向　当职业发展方向确定以后，关键问题在于能否坚守。职业生涯的成功，往往来自于对职业发展方向的坚守，坚守10～20年乃至整个职业生涯。坚守意味着对职业的不离不弃。努力培养坚守职业发展方向的定力，是职场人士应做的一门重要功课。

10 短期利益要服从于长远利益

小郭："我在一家光电子企业就业，工作有三年时间，现从事技术开发工作。目前企业经营规模逐渐扩大，未来发展潜力较好，但薪酬待遇比不上同行业其他企业。我非常看重企业提供员工的薪酬待遇，请问我能否跳到一家薪酬待遇高的企业？"

姚先桥："我们每个职场人都会关注薪酬待遇问题，关于你在企业的薪酬待遇问题，我认为你要用战略发展的眼光去看，如果企业未来发展潜力较好，相信你未来的薪酬待遇会随着企业的发展而逐渐提高，我不建议你目前为薪酬问题而盲目跳槽。作为职场人，要学会让短期利益服从长远利益，因企业薪酬待遇低而随意跳槽，这种选择并不可取。选择企业，薪酬待遇高低仅仅是参考因素之一，而不是全部，企业所处的行业、企业未来发展的潜力、企业文化及环境等都是选择企业所要考量的因素。'如果你跳槽，就一定能获得比较高的薪酬？'这问题值得你思考。"

理论阐述：每个人要获得职业生涯发展，都要付出长期艰苦的努力，这不仅要付出艰辛的劳动，而且要有较长时间的工作经验和业绩积累。就薪酬待遇来说，谁都想获得高薪，不能没有较长时间的工作能力、经验、业绩积累，这对于初入职场的年轻人来说更是如此。人在职场，要充分认识和分清什么是短期利益，什么是长远利益，并做到短期利益要服从于长远利益。要想获得职业生涯发展，就要有一种战略眼光，而那种为了赢得一点蝇头小利而放弃职业生涯发展长远利益的行为是不明智，这种缺乏大智慧的小聪明是难以支撑职业生涯发展大厦的。有的职场人士以企业提供的薪酬待遇高低作为跳槽的重要依据，使他们沦为"跳槽族"，由于他们没有职业发展战略眼光，因而他们的职业发展很难达到超越常人的成就。

方法指导

（1）树立战略观　战略观是一种用长远的观点认识、分析问题和解决问题的思维方式，在寻求职业生涯发展过程中树立战略观，有利于认识、分析和解决职业生涯的各种问题，如薪酬与职业发展的问题、学习与职业发展的问题等，在追求职业发展过程中树立战略观，认识和分清什么是短期利益，什么是长远利益，

从而做到短期利益服从于长远利益。

（2）树立全局观　树立全局观是指我们要用全局的眼光经营整个职业生涯，认识和分清什么是局部利益，什么是全局利益，并做到局部利益服从于全局利益。具体在职业生涯中，要处理好基层锻炼、跳槽和薪酬等与职业发展的关系，不要因捡了“芝麻”而丢了“西瓜”。用立足职业发展的全局观，处理好局部与整体的关系。

（3）培养大智慧　太在乎个人眼前利益和局部利益的小聪明，其职业生涯注定难成大气候，唯有培养大智慧，才能促进职业生涯的大发展。大智慧是指放弃眼前和局部利益，追寻长远利益和全局利益。培养大智慧，需要提升人生的格局和境界，一个人的格局大了、境界高了，其智慧必然随之增大，人的智慧一旦大了，其职业生涯发展就不是一件难事。

11 大学阶段要打造专业优势

小王：“我是一位正在读大二的学生，专业是机电一体化。我想咨询的问题是，机电一体化专业有市场需求吗？从现在开始，我该为未来的就业作好什么准备呢？”

姚先桥：“你还没有毕业，就思考未来就业的问题，并着手作准备，对此，我非常欣赏。但凡做好一件事情，都应作好充分准备，职业生涯规划及其实施也是如此。机电一体化专业同制造业结合非常紧密，市场需求较为广阔，但能否顺利就业还取决于你个人的专业素质，能否在众多的求职者中脱颖而出，这是能否就业的关键。”

小王：“我该如何为未来就业作好准备呢？”

姚先桥：“机电一体化专业就业面比较宽，但也有制约你未来职业发展的因素。机与电是两个专业，所涉及的知识既有机械设计、机械制图，也有工业自动化等，一个人在机与电两个专业领域都非常优秀是很难的事情，未来的职场竞争是专业优势的竞争，即在某一专业领域出类拔萃，样样通就会样样松。你现在为未来自己职业生涯发展作好准备，就是要从现在开始确定未来从事的专业领域，具体来说，是以机为主还是以电为主。对此，你要尽快作出取舍，随后在你选择的专业知识领域，不断学习和积累，为打造专业优势奠定基础，这是职业生涯的一大智慧。职业生涯成功，更青睐于那些具有专业优势的青年才俊。”

理论阐述：中国有句古话：“术业有专攻。”拥有专业优势是人们职业生涯立足、成功之本，尽管一个人可以在多个专业领域获得全面发展，但其发展一定要立足一个专业领域。赵本山在小品、影视领域不断拓展，但最具有影响力的仍然是他的小品表演，小品表演就是赵本山的专业优势。一个人要打造专业优势，最好从大学阶段开始，这包括培养专业爱好，积累专业知识，训练专业能力等。一旦进入就业阶段，就能明确选择相应的专业岗位，在众多求职者中脱颖而出，这种职业生涯智慧对于那些就读机电一体化、工商管理、国际经济与贸易、商务管理等没有太多专业特色的大学生，尤其值得借鉴。然而，目前有的大学毕业生缺乏专业优势，这种状况导致他们在求职与就业过程中滋生不良行为，如心态浮躁、盲目跳槽等。这种不良的求职与就业行为使得他们在专业领域没有什么优势，很难为用人单位录用，更不用说重用了。这种教训值得高校大学生借鉴。他山之石，可以攻玉。如果大学生能在大学阶段就开始打造专业优势，使之成为职业生涯发展之本，那么，大学毕业后就有很强的求职能力与就业竞争力。

方法指导

（1）窄化所学专业　窄化所学专业是指在所读的专业领域，细分一个专业，形成专业优势。大学所设的专业，有的确实很宽泛，如机电一体化、工商管理、国际经济与贸易等，如果不窄化专业，毕业后就会成为样样都知道，样样不精通的“万金油”，而“万金油”式的大学生在职场上是没有竞争力的。

（2）突显专业特色　大学生在学习阶段打造专业优势，就要突显专业优势，对于就读比较宽泛专业的大学生尤其如此。例如学工商管理专业的学生，既可以突显人力资源管理的专业特色，也可以突显营销管理专业特色，在有所为、有所不为中体现专业特色。

（3）精通专业知识　大学生在高校学习期间要打造专业优势，要有精通专业知识的意识。愈是要打造专业优势，愈要精通专业知识，因此，大学生在学校阶段要在精通专业知识上下工夫。

12 大二阶段要以读书为主

小张：“在目前就业压力比较大的情况下，我们大二的学生有很多人热衷于到企业实习，约有1/3的学生用80%的时间到企业实习，理由是到企业实习能尽

早积累工作经验，为未来就业作好准备，你怎样看待这个问题？”

姚先桥：“大二阶段的学生要以读书为主，即要学好专业理论知识，大二学生用 80%的时间在企业实习是不妥的，用 20%的时间比较合理。大二阶段是人生最佳的读书时间，绝对不能以到企业实习的名义浪费掉宝贵的读书时间。作为大学生，未来职业生涯的道路还很漫长，但在大学读书的时间和机会将愈来愈少，如果不能认识这一点，大学生将会犯战略性的错误，这绝非危言耸听。”

理论阐述：职业生涯要制订战略规划，大学生更要制订职业生涯战略规划。大学生制订职业生涯战略规划的目的就是要清楚大学生在求学时期，什么事情该做，有利于未来职业生涯发展，什么事情不该做，做了不利于未来职业生涯发展。人类社会已进入知识经济时代，日本学者介屋太一提出“知识价值革命”，认为知识价值就是“用知识和智慧创造出来的价值”。知识的价值就在于它本身就是财富，因此，知识本身就成为最大的资本。专业理论书籍作为知识的载体，是我们学习、继承前人知识的主要途径，大学生在大学阶段不阅读专业理论书籍，就必然会被知识经济社会所淘汰，这是不言而喻的。基于上述思考，笔者认为，大学生用 80%的时间在企业实习，是不利于未来职业生涯发展的。大学生在大二阶段要以读书为主，这是一种职业生涯规划的战略思考，大二阶段职业生涯战略规划的主要目标是学好专业理论基础知识，为未来从事岗位工作打下坚实的基础，如果把这段宝贵的读书光阴用于到企业实习，并以为未来就业作好充分准备为名义，这是一种本末倒置的思维误区，其结果必然是有损于未来职业发展。因此，在大二阶段以读书为主，是一种有利于大学生未来职业发展的正确选择。

方法指导

（1）大学生要制订职业生涯规划　在大学阶段制订职业生涯规划，对于未来整个职业生涯发展具有举足轻重的作用。有的大学生在大二阶段用 80%的时间到企业实习，这是没有职业生涯规划指导的结果。大学生在大学阶段制订职业生涯规划，能够使整个大学读书阶段向着既定的职业生涯规划目标前行。

（2）正确处理读书与实习的关系　大学生在大二阶段，要以学习专业理论知识为主，以实习为辅，这是正确处理读书与实习关系的基本原则。大学生在读书与实习的时间安排上，读书应占 80%，实习占 20%，正确处理读书和实习的关系，能够保障大学生在大二阶段做最重要的事情。

（3）不为短期利益所诱惑　有的大二学生将宝贵的时间用于企业实习，极有可能受到企业薪酬的诱惑，即实习工资，这种受短期利益诱惑而浪费宝贵的读书时间的行为实不可取，因为这是以牺牲个人职业生涯长远利益为代价的。不为短期利益所诱惑，专心致志学好专业理论基础知识，是大学生唯一正确的选择。

13 不要将兴趣视为职业

小王："我是学临床医学专业的大学生，大学毕业后，我到新疆阿克苏一所医院从事医务工作。在工作中，我发现自己非常粗心，觉得自己不适合当医生，但对心理学研究有兴趣。随后，我辞去了工作，回到武汉想报考心理学研究生，我的这一想法立刻遭到父母的反对，他们要我参加计算机专业培训，考个计算机证，但此培训以半途而废告终。此后，我在企业做过保安。目前，我在人才市场四处求职，苦于找不到工作。我要咨询的问题是，我能否从事心理学研究或咨询工作？"

姚先桥："我非常理解你目前遭遇的求职困境，你要解决自己就业的问题，迫切需要了解自己和社会对职业的需求。工作粗心不是你不适应医生这个职业的根本原因，主要是因为你工作不用心，缺乏工作责任感。你辞去医院的工作是一个错误的决策，而你对心理学感兴趣，并想报考心理学研究生，从个人兴趣、爱好的角度是无可厚非的，但要将心理学研究或咨询当做自己从事的职业则不可取，理由是中国心理咨询市场还远未形成气候，很难获得就业机会，要等这一市场逐渐发展、成熟，少则 5 年，多则 10 年乃至更长的时间。我对你选择职业的建议是，继续从事你的老本行，改掉工作粗心的缺点，相信你能成为一名好医生。"

理论阐述：霍兰德职业兴趣测试可以帮助我们了解自己喜欢的职业——是对物工作，还是对人工作；是按部就班的事务性工作，还是充满变化和挑战的创意性工作；是需要深入思考的研究型工作，还是管理、决策型工作。它可以帮助我们找到一个大致的范围。但是，喜欢的工作不一定是我们适合的和能够胜任的工作，因此也不一定要转化成职业，这和个人性格特质有关，也和个人学习、工作经历、经验有关。对某种职业感兴趣，这是制订职业生涯规划需要考量的要素之一，而绝非全部，对某种职业感兴趣并不能等于在某种职业上有专长、有优势。因此，将个人对某一学科的兴趣视为追求的职业及职业生涯目标，这是认识上的一大误区。这一大误区能将职场人引入职业生涯规划的歧途。上述小王的案例，

其深刻教训就在于小王错把个人兴趣视为职业生涯目标，而扔掉本来不错的饭碗。

方法指导

(1)正确认识兴趣 在职业选择上，兴趣只是对某种职业有一种喜好的情感，但对某职业感兴趣，并不能成为选择职业的重要因素，甚至唯一的因素。选择职业的主要因素是自己在某一专业工作领域有专长或竞争优势，因此，正确认识兴趣有利于科学选择职业。

(2)探寻就业优势 每个职场人都有自己的就业优势，关键在于能否探寻和发现就业优势，这是应届大学毕业生必须高度重视的问题。发现自己的就业优势，就能为职业发展奠定坚实基础；反之，则会极大阻碍个人职业发展。探寻就业优势的最佳方法是投身于职业实践，在职业实践中认识和发现自己在哪个职业领域有专长，并找到就业优势。

(3)接受专家指导 在上述案例中，小王将自己对心理学研究感兴趣视为自己追求的职业，这是就业指导知识匮乏的一种表现。作为职场人，在选择职业过程中难免会有困惑，有了困惑要及时寻求就业指导专家的指导，以帮助自己解决就业过程中存在的各种问题，这有利于科学选择职业。在这方面，我们要相信就业指导专家在自己选择职业中的作用。

14 将自己的专长同企业需求相对接

小朱："我毕业于体育院校，专业是体育新闻，四处求职后发现，人才市场很少有招聘体育新闻专业毕业生的企业。我想咨询的问题是，我该如何找到适合自己才能发展的职业？"

姚先桥："应届大学毕业生寻找就业岗位，不能一根筋盯着自己所学习的专业，而要着眼于企业是否需要，这是找到适合自己才能发展的职业的根本因素。你学的是体育新闻专业，请问你的文笔水平如何？"

小王："我的文笔不错，写文章、编辑文稿应该没问题。"

姚先桥："你可以在写文章和编辑文稿上拓展你独特的就业之路，这样有利于发挥特长，企业有许多岗位需要你这样的专业人士，如企业文化内刊的记者、编辑和营销策划等。如果你对营销策划有兴趣，可以先做销售员，然后选择营销策划职业。总之，你要善于将自己的专业同企业需求相对接，唯有这样才能成功销售自己，使自己成为企业所需要的人才。”

理论阐述：寻找适合个人才能发挥的职业，是选择职业的核心因素，而寻找适合个人才能发挥的职业同企业的需求有直接的对应关系。企业有需求，我们的专长才有用武之地。求职者不要过分看重自己曾经学过什么专业，就要应聘什么专业岗位，而要把着眼点放在企业设置的那些专业岗位上，自己的专长能否同企业专业岗位需求相对接，是求职成功的关键所在。据此，应届大学毕业生在求职应聘过程中，要有立足企业对专业岗位人才需求的大视野，审视自己的职业取向和职业定位，最终将自己的专长同企业的专业岗位人才需求相对接。应届大学毕业生，可以从如下两个方面理解将自己的专长同企业需求相对接的道理：一是企业需求是硬道理，个人专业知识学得再好，个人专长再优秀，如果企业没有专业岗位需求，个人专业知识、专长就得不到应用，而失去自身的价值，因此，将自己的专长同企业需求紧密结合，是应届大学毕业生求职乃至职业发展的根本因素。二是不要将自己的专长游离于企业需求之外，有的应届大学毕业生认为自己在专业上很牛，试图在人才市场上待价而沽，而不理会企业抛来的橄榄枝，这种求职误区会使他们丧失很多良好的就业机会。由此可见，将自己的专长同企业需求相对接，才是正确的求职之道。

方法指导

（1）洞察企业岗位需求　“知己知彼，百战不殆”这个理念不仅适用于战争，同样也适用于求职应聘。只有洞察企业岗位需求，如岗位对应聘者知识、能力素质的要求等，根据自己职业价值取向、所学专业以及从业的优势，才能有的放矢选择相应职业。不了解企业岗位需求，盲目、随意应聘及就业，对于个人未来职业发展将是极为有害的。

（2）善于分析个人专长　个人专长是基于个人所学的专业知识和掌握的专业技能基础上形成的个人专业特长。依据个人专长是选好职业的重要方法，个人具备什么专业持长，需要分析，尤其要善于分析自己所积累的专业知识和技能的优势，由此判断和确定个人专长，以此作为选择职业的重要参照系。

（3）提高思维的广阔性　应届大学毕业生在选择职业时应拓宽自己的思维空

间，不要从自己所学的专业视角出发，而要站在宏观社会经济、科技发展的现状、趋势，以及企业对专业岗位人才需求的角度，选择与社会经济、科技发展趋势相吻合，企业专业岗位人才需要的职业。这是我们获得职业发展的重要基础。

15 从基层工作做起

小李："我是学管理工程专业的大学生，我希望能早日走上企业管理岗位，如生产管理、项目管理等，令我失望的是，我到企业后仿佛是一个勤杂工，有时在生产线当操作工。现在我很郁闷，不知何时能走上管理岗位。请问我该如何谋划我的职业发展？"

姚先桥："管理是一门实践学科，仅有在大学里学习的管理理论是不够的，你不要认为在企业做勤杂工或操作工与你未来从事管理工作没有任何联系，做每一项工作都有其固有的价值，对于从事管理岗位工作的人来说尤其如此。万丈高楼平地起，从事生产管理，不了解生产操作流程，怎么能做好管理工作。你要想在未来从事管理职业并获得发展，建议你从基层工作做起，把基层的每一项工作都做好，为未来从事管理工作打好基础，相信你会走向管理岗位。"

理论阐述：任何一个人的成长，都需要在基层工作经受锻炼，应届大学毕业生尤其是如此。美国康卡斯特公司的首席执行官布莱恩·罗伯兹在宾夕法尼亚大学沃顿商学院读 MBA 的时候，非常想在父亲拉尔夫的康卡斯特公司总部开始自己的事业，但父亲却坚持让他到基层去工作一段时间。他对罗伯兹说："虽然你比别人幸运，有一个当 CEO 的父亲，但是你最好还是到基层去，因为到那里你可以学习到许多在办公楼里永远也学不到的知识。"罗伯兹的第一份工作是在密歇根和新泽西的小城镇里安装有线电视线缆。他吃力地爬上电线杆，铺设电缆，还到居民家里把有线电视线接上。这段安装电缆的工作经历，让罗伯兹了解到技术人员以及客户服务有多么重要，以及一些工作有多么危险。同时，他也明白了父亲坚持要自己下基层锻炼的用意。一年后，罗伯兹进入康卡斯特公司总部工作，但他依然没能进入公司的高级管理层。拉尔夫有意识地安排他到公司的各个部门工作，使他对公司的情况有一个较为全面的了解。事实证明，拉尔夫的决定是正确的。罗伯兹后来成了他最得力的助手，这对父子拍档共同把康卡斯特打造成为了美国最大的有线电视公司。罗伯兹的成长与他在基层工作锻炼的经历是分不开的。在高校无论就读什么专业的大学毕业生，都要义不容辞地从基层工作做起。从基层工作做起，不断积累工作经验和工作业绩，这是任何职场人士获得职业生涯发展与成功的必由之路。试想一个连基层工作都不想做或做不好的员工，怎能做好中高层工作，这是一个十分浅显的道理。

方法指导

（1）高度认识在基层工作的价值　基层工作并不像有的应届大学毕业生所想的那么低微甚至不屑一顾，相反，我们要高度认识基层工作的价值。在基层工作是通向“高层”工作的必由之路。以营销管理工作为例，如果不知道营销基层工作的目标与流程，不知道如何拜访客户，与客户洽谈、签约，又怎能从事营销管理，成为一名称职的营销经理。因此，看不到在基层工作的价值，在职业生涯发展上就会犯战略性的错误。

（2）要用动态的观点看待基层工作　应届大学毕业生从基层工作做起，并不是要求他们永远在基层工作，而是要求他们在基层工作中积累工作经历和经验，为未来从事“高层”或难度较大的工作奠定基础，每个人的职业生涯都是一个动态的发展过程，要用动态的观点看待从事的基层工作。这有利于调整在基层工作的心态，使消极心态转变为积极心态，以饱满的工作激情投身于基层工作。

（3）在基层工作中增长才干　倡导应届大学毕业生从基层工作做起，其目的就是为了他们在基层工作中增长才干。人的才干是磨炼出来的，而基层工作就是磨炼才干的舞台。如何将工作做到位，如何提高工作效率，怎样思考和解决工作问题等，都需要借助这个舞台进行磨炼，应届大学毕业生一旦离开了这个舞台，其增长才干就会成为无源之水、无本之木。

16 初入职场要培养学习心态

小董：“我是武汉体育学院的一名应届毕业生，专业是体育经济。目前，我在武汉一家体育文化传播公司从事销售工作。所做的工作是根据客户的需求，策划和推广新的体育赛事或活动。近两个多月来，我没有同客户签订一个合同，请问我该如何提高销售业绩？”

姚先桥：“这个问题提得好，很有代表性。初入职场的大学生，如何提高工作业绩，这个问题值得研究。请问：你从事销售工作之前到现在，阅读过市场营

销专业书籍或市场营销的专业杂志吗？”

小董：“我一本营销专业书籍或杂志都没有读过，企业录用我后，我就匆匆上路做销售工作了。”

姚先桥：“你的销售业绩不高有很多因素，除了缺乏销售经验外，不阅读营销专业书籍和杂志是一个重要原因。市场营销是一门科学，没有营销专业理论知识的积累是很难提高销售能力的，而缺乏销售能力必然难以积累和创造销售业绩。对于这一点，你务必保持清醒的认识。”

小董：“我大学毕业了，还要学习？这是否有必要？”

姚先桥：“大学生毕业后进入职场，不是学习的结束，而是学习的开始。大学生从校园人转变为企业人，一个显著的区别是校园人并不承担为大学创造价值的责任，企业人有责任和义务为企业创造价值。你从事的工作是销售，而你并没有系统学习市场营销专业理论知识，所以，你从事销售工作就显得非常吃力。一个在职场上拒绝学习的人，要想在职业生涯有所发展将是一件极为困难的事情，希望你在职场能成为一个热爱学习的人。”

理论阐述：读书与学习是每个职场人士都需要领悟和做到的事情。原美国总统尼克松在其所著的《领导者》一书中分析了丘吉尔、戴高乐等杰出人物之所以能成功的原因：“所有我认识的伟大的领导者几乎都有一个共同的特征，那就是他们全部都是伟大的读书者。”作为管理国家的领导者尚且要有很强的学习意识，作为初入职场的大学生尤其要培养学习的心态。初入职场的大学生应当知道，在大学学习和在职场学习的目的、内容是大不一样的。在大学学习的目的是掌握专业理论基础知识，为今后从事专业岗位工作奠定基础，学习内容是专业基础理论知识；而在职场学习的主要目的是掌握专业岗位知识和技能，为职业生涯发展奠定基础，学习内容主要是职业技能方面的知识。因此，大学生同校园告别，并不是学习的结束，而是重新学习的开始。在职场上，学习专业知识、掌握专业技能同提升工作业绩和职业生涯发展的关系非常密切。因此，大学生初入职场要培养学习心态，这对于追求、实现个人职业生涯发展是极为重要的因素。

方法指导

（1）培养学习心态　学习心态是培养出来的，学习心态的培养要基于深刻认识学习的价值。在知识经济时代，学习日益成为一种工作方式。作为初入职场的大学生，要学习的专业知识和技能比读大学期间更多，也更为迫切。不学习新的专业知识，不掌握新的专业技能，不能将新的专业知识、技能转化为工作能力和业绩，就会在职场上落伍或淘汰。

（2）注重学习方法　良好的学习方法有利于提高学习效果。在学习方法上，阅读专业理论书籍至关重要，用科学的理论指导工作实践，能起到事半功倍的作用；此外，在工作实践中学习也是一个好的学习方法，实践出真知，如从事销售职业，多总结销售工作经验和教训，这本身就是有效的学习方法。

（3）强化知识应用　学习知识的目的全在于应用，从这个角度分析，学习知识本身没有什么价值，学习知识的价值体现在应用上，即将所学到的知识同日常工作有机结合，解决工作中出现的诸多问题，使工作业绩得到有效提高，这是学习知识的真谛。因此，强化知识的应用比提高学习能力更为重要。

17 不要将当老板作为评价职业生涯成功的唯一标准

小张：“我曾在旅行社从事管理工作，现在在一家酒店担任部门经理，做了多年的部门经理，感觉遇到了职业发展的瓶颈，诸如职务很难晋升，作为一个职场人士，总不能一辈子当打工一族。最近，我一直在思考如何突破职业发展瓶颈的问题，我想创办一家旅行社，通过创业、当老板的方式，实现职业生涯成功的梦想。但我的性格偏于内向和谨慎，不敢承担风险，这种性格上的弱点使我对创业、当老板的想法总抱有一点怀疑的态度。在职业发展方向上，我现在很迷茫，不知道是走创业之路，还是做一名高级打工仔，请你对我目前的职业发展问题诊断一下，并提出宝贵的意见。”

姚先桥：“每个人的职业生涯发展到一定阶段，都会出现瓶颈，如专业才能发展瓶颈。例如，一个高级工程师很难超越他过去的新产品开发成果。当然，职务晋升也是一个人职业发展的瓶颈，但我认为职务的高低并不能作为评价职业生涯是否成功的重要标准甚至是唯一标准。至于你将突破职业发展瓶颈寄托在自己创业、当老板，实现职业生涯成功的梦想上，我认为这个想法有不妥之处。在企业从事管理工作，同样能够实现职业生涯成功的梦想，不能将当老板作为评价职业生涯成功的唯一标准。目前在很多民营企业都有职业经理人的身影，他们很出色，虽然没有创立自己的公司，但并不能否定他们在职业生涯所取得的成就，这说明职业生涯的成功有多种表现形式。你想创业，建议你权衡一下自己是否具备当老板的素质和潜质，也有必要借鉴第三方评估意见，对自己是否具备当老板的素质及潜质有一个深刻认识。如果自己和第三方评估意见都显示你不适合当老板，那么你还是应该静下心来做一名高级打工者，中国企业，尤其是中小企业缺的就是高级打工者——职业经理人。

理论阐述：目前，国家和地方政府有关部门倡导全民创业，并在工商、税收政策等方面给予一定的优惠，在这种积极鼓励创业政策的引导下，不少有志于创业的大学生走上了创业之旅。应当指出的是，创业仅仅是追求职业生涯发展与成功的路径之一，而绝非全部，如果将当老板作为评价职业生涯成功的唯一标准，这无疑是一种认识上的误区。每个人的天赋、志向、学历、工作经历和经验等都是不同的。有的人适合于创业，当老板游刃有余；有的人专心从事技术开发，讲起技术开发的感悟兴致盎然；有的人乐于从事市场营销工作，同陌生顾客交流就如同与老朋友交流一样。如果我们选择了最适合自己学识、专长发展的职业，并且能为企业及社会创造价值，那么，无论是当老板还是从事技术开发、市场营销等职业，都能够以职业生涯成功论之。

方法指导

（1）树立多元成功的价值观　多元成功的价值观用一句通俗的语言来诠释，就是“条条大路通罗马”。创业、当老板，可以彰显职业生涯成功的辉煌；成为一个优秀的职业经理人，同样标志着职业生涯的成功。树立多元成功的价值观，有利于职场人士根据自己的优势，选择最有利于个人学识和专长发展的职业，坚定走自己职业生涯发展的道路。

（2）探索自己职业发展之路　在职业发展领域，每一个人都是一道独特的风景。个人未来职业生涯的成功，根源于现在能否探索自己职业发展之路，这条路一定最有利于将自己的职业梦想、职业倾向、专业知识、思维方式、工作经验和企业、社会资源实现优化配置。探索自己职业生涯发展之路，对于每个职场人士来说都是至关重要的。

（3）善于经营自己的长处　每个人都有自己的长处，它是职业生涯成功的核心元素。仅仅知道自己的长处是不够的，关键要善于经营自己的长处，使自己的长处同相关职业有机吻合，并创造出超越常人的工作业绩，这是评价个人职业生涯是否发展和成功的一项硬指标。因此，善于经营自己的长处，是获得职业生涯发展和成功的重要方法。

18 放弃是一种智慧

小胡："我在大学读了两个专业，一个是会计，另一个是人力资源管理。我现在在找工作，但不知道选择什么职业，这两种职业我都乐于从事，好像失去任何一种职业都觉得可惜，请问我应选择什么职业呢？"

姚先桥："你需要放弃一种职业，要么从事会计，要么从事人力资源管理，这取决于你的职业价值取向、兴趣等。学会放弃是一种智慧，在我26岁的时候，果断放弃成为书法家的梦想，毅然投身于人才学研究，由此而改变了命运。在职业选择上选择做我们能做的、能做好的职业或专业工作，需要具有放弃的智慧，学会放弃也是职业生涯的一种大智慧。"

小胡："我对人力资源管理职业有兴趣，决定今后从事这一职业，但我对会计专业割舍不下，请问我该如何解决这一问题呢？"

姚先桥："在职场上，有不少人患得患失，相比较而言，患失的人要更多一些。譬如，有的专业技术人才发现管理人员薪酬待遇比自己高，心理不平衡，而盲目转型从事管理，结果是管理绩效不被认可，原有的专业知识也被荒废了。这类因患得患失而导致个人职业发展遭遇困境的教训值得我们汲取。既然你对人力资源管理职业有兴趣，就要勇敢割舍会计专业，两者只能选其一。"

理论阐述：放弃是一种智慧，有得有失的人生是公平的。在职业生涯的旅途中，面对职场一个又一个的机会，敢于获取，是一种智慧；同样，面对职场一次又一次的诱惑，敢于放弃，同样也是一种智慧，而且是一种高级智慧。在无数次的诱惑面前，认清自己的职业发展方向和专业能力，知道自己什么事情能够做，什么事情不能做，这比什么都重要。学会放弃是一种自知之明的智慧，人贵有自知之明的智慧。人的天赋、知识、能力、时间和精力有其局限性，不可能在多个专业工作领域"横扫千军如卷席"，放弃自己不擅长的专业工作，放弃自己不能做的专业工作，放弃自己做不好的工作，这并不说明自己是弱者，而恰恰折射出所具有的智慧。学会放弃是一种职业生涯战略谋略，职业生涯战略实际上就是一种得与失的选择、得与失的取舍，"取熊掌"而"舍鱼"，这是职业生涯战略选择的真谛。人生在事业上，只有有所不为，才能有所作为，这是每一个职场人士值得铭记和躬行的理念。

方法指导

（1）确定选择价值标准　价值标准是我们选择的参照系。大学毕业生在选择职业之前，要确定选择的价值标准，只有将选择职业的价值标准确定了以后，其职业选择才有参照系。个人所学专业、对职业的兴趣和爱好、职业社会需求、职业薪酬等，这些都是职业选择价值标准的具体内容，值得求职者高度关注。职业选择价值标准正确了，那么职业发展方向最终才是正确的。

（2）选择社会需求的职业　有社会需求是选择职业的硬道理。选择社会需求的职业，是职业选择的一大原则，这是因为选择社会需求量大的职业，能够为就业者职业生涯发展带来较大的上升空间，勇于放弃社会需求量较少的职业或人满为患的职业是职业选择的一种智慧。

（3）选择个人优势职业　个人优势职业是一种适合求职者所学专业、天赋、兴趣及潜能发展的职业。著名网球运动员李娜的成功，源于她在儿童时代选择网球而放弃羽毛球的智慧。大学毕业生如果能够选择个人优势职业，那么对于个人未来职业发展将具有至关重要的作用，我们选择个人优势职业的同时意味着放弃个人弱势职业。

19　职业生涯规划要适时调整

小李：“我在一家医药零售企业工作，现任店长助理。在入职企业后，我制订了职业生涯规划，如用两年时间在企业立足，用六年时间考取执业药师。谁知工作一年后，我被选拔为店长助理，对此我有点惶恐，感到自己工作能力并不强，而且打乱了我原有的职业生涯规划，请问我原来的职业生涯规划是否应该作废？”

姚先桥：“职业生涯规划并不是一成不变的，要随着自己职业生涯规划实施的具体状况和企业对自己职业发展的期望和要求进行适时调整，以适应企业发展对自己职业发展的要求。你现在担任店长助理职务，这说明公司领导对你的信任，你所承担的责任也要大一些，因此，你的职业生涯规划要随之调整，如将考执业药师的时间变六年为四年或更短的时间，使自己更快、更好发展，这将有利于你未来职业生涯发展。”

理论阐述：职业生涯需要规划，没有规划的职业生涯会打乱仗，但职业生涯规划并不是一成不变的，它也需要调整，没有调整的职业生涯规划很难做到与时俱进。个人职业生涯规划从制订到实施存在很多意想不到的变数，如职业方向的更改、就业环境的变化、职业发展难以突破瓶颈等。有些变数在制订职业生涯规划时是很难预见的，在这种情况下，根据职业生涯规划实施的现状进行适时调整就显得至关重要，调整不是战略退却，而是审时度势，修订为更完善的职业生涯规划，以指导未来的职业生涯发展。笔者的职业生涯规划，也是经过适时调整的。我在1979年，曾立志成为一名书法家，于是拜名家为师，整日临池。1985年，当我看到人才学在我国蓬勃兴起时，毅然投入人才学研究。1987年12月，我的人才学学术论文《析官本位思想及对策研究》一文，荣获全国人才研究新秀奖一等奖，这一学术成果的问世，成为我职业发展方向华丽转身以及职业生涯规划调整的重要契机。倘若我的职业生涯规划没有这次适时调整，那么，我的职业生涯很难说有什么大的发展。

（1）乐于调整规划　乐于调整规划是指用一种阳光的心态面对调整职业生涯规划，而那种惧怕调整、改变职业生涯规划的行为及习惯，是极不利于职业生涯发展的，因为在5年、10年前制订的职业生涯规划已经不适应当下个人职业生涯发展，因此，面对职业生涯规划的调整要保持一种乐观的心态。

（2）善于审时度势　实现职业生涯规划要有大视野、大智慧，善于审时度势就是大视野、大智慧的表现。在谋划职业生涯发展的问题上，善于审时度势就是要分析当下和未来个人职业生涯发展的新环境、新变化和新的发展趋势，使之更好地立足现在、决胜未来。只有善于审时度势，才能有利于实现职业生涯规划的适时调整。

（3）继续努力前行　对职业生涯规划进行适当调整，并不意味着在职业生涯发展的道路上停滞不前，而是在审时度势的基础上，调整实施职业生涯规划的思路、方向和措施，更有利于职业发展目标的早日实现。因此，对职业生涯进行适时调整后，仍然要继续努力前行。

小高：“我是武汉某高校工商学院大三国际经济与贸易专业的一名学生。我

现在对就业方向很困惑、很迷茫。三年前的我考入工商学院这所三类本科，首先想到的就是用考研来改变自己，能够给自己一个理想的平台。说真的，独立学院的学生就业非常难，家人和我都铁下了心一定要考研，再怎么说考研也是一种出路，所以我在2010年元月就已经紧锣密鼓地准备着研究生的考试。最近，我偶尔浏览新闻，越来越觉得考研究生这条路不像理想中的那么通畅，尤其是因为考研究生难以就业的社会现实，让我对研究生的前途多了几分理性的思索与担心。如果我付出了一年的复习时间，考上了，三年后的我又该何去何从呢？对此，你有什么高见？”

姚先桥：“我对你考研担忧的心情很理解，在大学生就业难的大环境下，有的大学生希望能够通过考研，提高就业竞争力，这个想法并没有错，但如果将就业全系在考研上，就有失偏颇。在职场上要体现个人竞争力，不仅取决于学历，更在于能力和业绩。如果你过于追逐高学历或为了高学历而高学历，我建议你就不要考研了，一切为了提高自己的能力，应该是你唯一正确的选择，因为学历不等于能力，更不等于业绩。”

理论阐述：在规划个人职业发展的问题上，将自己的学历设定得高一点，这无可厚非，获得高学历，能为职业生涯发展奠定一定的基础，但过于追逐高学历，甚至为了高学历而高学历，这种观念就有碍于个人职业发展。学历不等于能力，不等于智慧，更不等于职业发展。大学生应当认同这种观念。认同得愈早，对自己的成长、发展就愈有利。目前，有一部分大学生追逐高学历，如考研、考博，其动机不乏有规避人才市场竞争激烈所形成的就业压力，须知，规避了今天的就业压力，能规避明天的就业压力吗？作为在校大学生，应将高学历价值观转向能力和智慧上，并在追逐能力和智慧上下工夫。这是因为，企业看重应聘者是否有能力和智慧，而绝不仅仅是单一的学历。因此，在校大学生要在知识向能力、智慧转化上进行探索，使自己成为有知识、有能力和有智慧的大学生，提高就业竞争力，为未来职业生涯发展奠定坚实基础。

方法指导

（1）客观评价高学历的价值　高学历与低学历相比无疑有其较高的价值，但拥有高学历不等于有高能力、高智慧，因此，高学历是求职应聘的条件之一，但

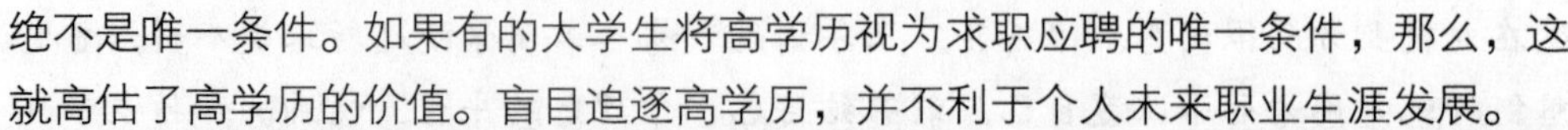

绝不是唯一条件。如果有的大学生将高学历视为求职应聘的唯一条件，那么，这就高估了高学历的价值。盲目追逐高学历，并不利于个人未来职业生涯发展。

（2）将知识转化为能力　追求职业生涯发展，拥有工作能力是一个至关重要的因素，从事产品研发要有研发能力，从事市场营销要有营销能力。能力要从知识转化而来，将知识转化为工作能力，要在知识的应用上下工夫，即将所学到的知识应用于实际工作过程中，工作能力才能得到提升。

（3）将知识转化为智慧　有知识不等于有智慧，只有将知识转化为智慧才是最有价值的。智慧源于知识，高于知识，智慧离不开对知识的融会贯通和领悟精华的能力。因此，大学生在大学学习的过程中，要有将知识转化为智慧的意识，在提高对知识的融会贯通和领悟精华的能力上下工夫，这对于未来职业生涯的发展将起到至关重要的作用。

第二课

职业选择

——为职业生涯发展决策

1 职业选择就熟不就生

小张："我是一个已经工作三年的职场人士，专业是测控技术与仪表，一直在深圳一家生产石英镜片的企业担任品管工程师。前不久，我对自己的职业生涯发展有一种到了尽头的感觉，随后我辞去了工作，想从事律师职业。现在，我正准备考律师资格证，但我对能否考取律师资格证没有把握，心里很迷茫，不知道究竟能从事什么职业，请你提出指导意见。"

姚先桥："工作三年就从大学毕业生晋升为品管工程师，由此可见你是一个聪慧而又能干的人。从严格的意义上来说，你依然处在职业生涯初期，为什么在职业生涯初期就有职业生涯到了尽头的感觉呢？"

小张："我想从事管理工作，如担任企业部门经理，但感到晋升为经理很难，所以就有职业生涯到了尽头的感觉。你认为我是否能够从事律师职业？"

姚先桥："每个人的职业生涯道路不一样，有的适合从事技术岗位，有的适合从事管理岗位，你认为自己难以晋升为部门经理就有职业生涯到了尽头感觉的观点，对此我不认同。如果不能晋升为部门经理，继续从事品管工程师职业又有何不好？企业产品品质管理很重要，你的工作业绩优劣，将直接影响到企业产品的质量和品牌建设。企业部门经理的价值高于品管工程师的价值，是一种官本位思想的反映。至于你想考律师资格，我建议你慎重抉择。律师对你来说是一个新职业，考取律师资格证并不容易，即便考取了，也有一段时间的工作适应期，我建议你还是选择品管工程师职业，用行话来说就是职业选择就熟不就生。"

理论阐述：职业选择就熟不就生，这是职业选择的一项基本原则。对职业相关知识、技能熟悉并了如指掌，不仅能得到企业主考官的认同和信任，更能够进入工作角色、为企业创造工作业绩。而选择陌生的职业，没有任何职业经历和经验，别说是进入工作角色、为企业创造工作业绩，就说得到企业招聘主考官的认同和信任也是一件较难的事情。所以选择自己从事过，并在多年工作实践中积累丰富工作经验的职业，不仅能带来求职上的成功，更能够为企业创造业绩。作为求职者，在选择新职业的时候要善于了解和分析自己，自己不愿从事熟职业是什么原因？是因为职业发展遭遇瓶颈，是不热爱该职业，还是受其他职业的诱惑，如此等等。只有把原因弄清楚后，才能对选择熟职业还是生职业作出科学的分析和评估。无论是选择熟职业还是生职业，都要着眼于发挥自己的专长和优势，着眼于未来职业生涯发展。

如果能够满足这两个条件，无论选择熟职业还是生职业，都是科学的职业选择。

方法指导

（1）热爱本职工作　对某种职业的热爱，是职业选择的一大要素。本职工作是值得珍视和热爱的，不要因为我们对它太了解、太熟悉而产生倦怠感和厌恶感。职业是我们谋生的手段，职业寄托着我们人生的梦想，一个不热爱本职工作的人是很难实现人生梦想的，一个对熟职业不热爱的人不一定热爱生职业。

（2）去掉浮躁心理　在职业选择上，这山望着那山高是一种典型的浮躁心理。在职业选择标准上，没有好坏之分，只有适合不适合。如果抛弃一个适合自己专长、优势发展的职业，而去追逐自己并没有专长和优势的职业，这种求职行为会为自己职业生涯发展付出沉重的代价。

（3）善于反省自己　认识自己是人类的最高智慧，能够认识自己的人必定是善于反省自己的人。自己究竟该选择什么职业，什么职业最适合发挥自己的天赋、才能和智慧，这需要静下心来反省自己。善于反省自己的人，他们的职业选择与决策往往更理性、更科学，其决策更有利于个人职业生涯的持续发展。

2　寻找具有职业发展舞台的企业

小李：“我是2012年毕业的大学生，所学的专业是物流管理，职业生涯对我来说很重要。我常到人才市场找工作，招聘的企业鱼目混杂，不知道该如何选择企业？选择企业有什么标准？如果有标准，该标准又是什么呢？”

姚先桥：“你有职业生涯规划的意识，这很可贵。你提出的大学生该如何选择企业的问题很好，企业提供的职业不仅是我们谋生的手段，而且更是我们职业发展的舞台。一个人的职业发展状况如何，空间有多大，不仅取决于个人的努力，同时也取决于企业提供的职业发展舞台是否良好。良好的职业发展舞台，有利于发挥我们的聪明才智，实现职业生涯规划的目标；反之，不良的职业发展舞台，则会阻碍和制约个人职业发展的空间。因此，大学毕业生选择应聘企业不能盲目、草率。选择企业有如下标准：一是行业景气度。每个企业都有其行业背景，选择企业时应选择属于朝阳产业的企业。二是企业性质。企业有外资、民营和国有之分，不同性质的企业，其职业发展的舞台大不相同。三是企业发展前景。选择企业发展前景好的企业，有利于实现个人与企业的同步发展。四是企业文化。选择重视企业文化的企业，其企业价值观、经营理念和行为规范等会对个人职业发展起着潜移默化的作用。五是企业专业岗位。企业能提供同自己所学专业、兴趣相吻合的专业岗位。六是企业薪酬待遇。薪酬待遇是任何求职者必须考量的因素，求职者宜选择薪酬待遇高于同行业水平，并有相应增长空间的企业。用上述六大标准可以对诸多招聘企业进行评估，通过分析和比较，在此基础上寻找具有职业发展舞台的企业，这是每一个职场人士必须高度重视的问题。”

理论阐述：“良禽择木而栖”这句话用于职业选择上的意思是，优秀的人才要选择有发挥其才能的舞台。任何职场人士都不能忽视舞台的作用，古今中外不乏因获得个人才能发展舞台而成功的感人故事。汉朝一代军事家韩信在项羽手下时并不得志，他投奔刘邦后，刘邦为他军事指挥才能的发挥提供了良好的舞台，使他成为攻必克、战必胜的一代大将军。如果没有刘邦的信任与重用，并提供良好的军事舞台，韩信领兵打仗的天赋、才能再优秀，也必将陷入英雄无用武之地的窘境。由此可见，舞台对于任何一个职场人士来说都是至关重要的，是英雄就要善于寻找英雄用武之地。因此，如果想成为产品研发人员，就要寻觅拥有较好产品研发条件的企业，倘若要成为营销精英，就要选择具有良好营销舞台的企业，如此等等。有才能发挥的舞台，职业生涯发展就有了较好的环境和条件。

方法指导

（1）求职不要草率　有的大学生求职很草率，缺乏寻找职业发展平台的意识，随意选企业、随意选职业的现象较为普遍，只顾眼前利益，不考虑未来职业发展，这种短视症的求职行为是一种对自己职业生涯发展不负责任的表现，一个求职草率的人是很难找到个人职业发展舞台的。

（2）认真甄别企业　求职者在人才市场应聘，要认真甄别招聘企业，努力寻找职业生涯发展舞台好的企业。求职者应通过咨询、查询企业网站和了解企业员工职业发展状况等方式，对企业员工职业发展舞台的条件和环境进行科学的考察和评估，以此作为甄别企业的重要依据。

（3）展现自己才能　有才能并不等于能够有效展现，展现自己才能不仅需要勇气，更需要艺术。求职者如果找到个人职业发展舞台好的企业，就要十分珍惜企业提供的舞台，并竭力展示自己的才能，使工作业绩最大化，在企业员工群体

中脱颖而出，倘若能做到这一点，就能为个人职业发展奠定良好的基础。

3 为选好职业储备专业知识

小段："我是武汉大学大三的学生，所学专业是人力资源管理。在专业课程中曾经学过市场营销，而且我曾经在一个企业实习，产品销售业绩十分突出，我具有吃苦耐劳、不畏困难的意志力，曾骑自行车从武汉到宜昌。因此，我今后想选择市场营销职业，你认为我的选择是否合理？该注意哪些问题？"

姚先桥："我非常欣赏你具有吃苦耐劳、不畏困难的精神，这是从事销售职业非常重要的因素，也是从事这项职业的必备条件。你所学的是人力资源管理专业，其中市场营销仅仅是一门课程而已，以你这一门课程所学到的市场营销知识而言，还不足以支撑从事并胜任市场营销的工作。市场营销有一个庞大的知识体系，包括营销战略、营销策划、营销模式、品牌定位与运作、消费心理与行为等。你要成为一名卓越的营销员，就应该为选好这个职业储备专业知识。所以，你从现在开始就应多储备营销专业知识，当你大学毕业后应聘企业市场营销职业时，就有足够的信心接受企业的挑选。信心是什么？通俗地说就是人们在做事情时所表现出的一种底气。应届大学毕业生在求职时，不能没有底气，而底气很大程度上来自于在大学期间专业知识的积累。有的应届大学毕业生在企业招聘主管面前很内敛，从根本上说就是缺乏底气，缺乏专业知识的积累。"

理论阐述：从事任一项专业工作，都要以该专业知识为根基，专业知识根基不深，专业工作能力就无法提高，缺乏专业工作能力，专业工作就无法展开。澳大利亚著名银行家马歇尔在高中毕业后，进入了澳大利亚著名的新南威尔士州银行工作，做一名文员。对个人的前途作了长时间的慎重考虑之后，他决定再次上学。马歇尔认为，如果他要在银行业的梯子上登得更高，就必须要有更高的学历和更高的领导水平。于是，马歇尔利用晚上的时间到北悉尼理工学院攻读会计学。经过五年的努力，他终于毕业，并取得了会计师的资格。此后，马歇尔继续攻读秘书和商业行政课程，并终于取得了毕业文凭，领取了毕业证书。学习和积累上述专业知识之后，马歇尔的领导水平也有了进一步的提高，他具备了在事业上拾级而上的条件，没有多久，他担任了新南威尔斯银行悉尼分行的经理职务。马歇尔储备专业知识的故事很值得研读。担任一项职务需要专业知识的积累，要从事一项职业，更需要专业知识的积累。无论对于应届大学毕业生求职还是职场人士未来职业的发展，储备专业知识都是一个非常有价值的事情。

方法指导

（1）科学定位职业　科学定位职业是为选好职业储备专业知识的前提，一个职业定位不明确、不清晰的人，其储备专业知识也将是没有方向、没有聚焦和杂乱无章的，必然是无助于职业生涯发展的。因此，只有对自己未来从事职业进行科学定位，才能使储备的专业知识具有职业的方向性和聚焦性，从而有利于职业发展。

（2）储备专业知识要围绕着职业　储备专业知识要以职业为“根据地”，任何游离于职业的专业知识积累都有其负面作用。一个拥有很多专业知识的人，并不能保证能获得职业生涯发展，人们所拥有的专业知识贵在能聚焦于某一个职业领域，着眼于与职业匹配的储备专业知识，才是储备专业知识的真谛。

（3）储备专业知识要坚持不懈　学贵有恒，一年坚持学习较容易，五年乃至十年坚持学习则很难。储备专业知识不能三天打鱼，两天晒网，要想在某个专业知识领域达到精通的程度，并拥有话语权，就要培养坚持不懈的毅力，要将学习专业知识当做自己的一种工作方式，使工作与学习实现高度统一，并实现水乳交融。

4　选好实习单位

小王：“我是武汉大学工程管理专业大三的学生。2013 年 7 月毕业，我学的专业偏重于电力工程管理，如水电站工程的预算、监理等。还有一年就要毕业了，听同学们说，现在就业比较难，那么我该如何做好就业准备呢？”

姚先桥：“你还未毕业，就思考未来的就业问题，这种超前意识值得在校大学生学习。每当大学生问到如何做好就业准备这个问题时，我通常都会说，参加实习，在实践中增长才干。”

小王：“我有实习的思想准备。请问，我该如何选择实习单位？选择实习单位有哪些标准呢？我需要一个参照系。”

姚先桥：“你提的这个问题很有水平。大学生参加实习的主要目的是在实践中增长才干，为未来参加工作，以及为尽快进入工作角色打基础。基于这个目标，我认为选择实习单位要把握两个标准：一是选择的实习单位提供的实习岗位要同自己所学的专业相吻合。譬如，你是学工程管理专业的，而且偏向于电力工程管理，你应到电力企业去实习。二是所选择的实习单位的管理严格规范。有的大学生在校期间过于'自由'，甚至懒散，这种不良行为及习惯如不能得到有效改变，将对他们未来就业和职业生涯发展带来较大的负面影响。大学生在实习期间，进入一家管理严格规范的企业，极有利于培养他们良好的行为规范及习惯，这种良好行为规范及习惯的养成，将受惠于大学生整个职业生涯及发展，因此，这一条作为选好实习单位的标准绝不可小视。"

理论阐述：应届大学生参与实习，是作好就业准备的一个有效举措。大学生通过到企业实习，有利于他们熟悉企业，熟悉专业岗位工作，这对于提高他们就业能力将是一个极好的契机。选好实习单位，对于提高大学生就业能力至关重要。选择实习单位出现失误，如从事同自己所学专业毫不相关的岗位，既浪费了实习时间和精力，又不能增长实习才干，而选择好的实习单位，则是实现就业的一个重要契机。中央电视台著名主持人王小丫，1996 年进入北京广播学院文学系研修电视文学。在研修期间，曾到中央电视台实习，从事《新土地》和《经济半小时》栏目的播音工作。在参加实习过程中，她的播音才能受到中央电视台经济频道领导的认可与好评，最后被中央电视台录用。王小丫顺利参加工作，并逐渐成为中央电视台的著名主持人，在职业生涯中获得令人瞩目的发展，其因素在于王小丫善于选择实习单位，不仅使自己的专业与实习岗位相结合，更为职业生涯发展提供了良好的契机。王小丫选择实习单位的经验值得大学生学习、借鉴。

方法指导

（1）慎重选择实习单位　选择实习单位是迈向就业的第一步，这一步如果能走好，就能为将来就业奠定基础。因为，企业招聘主管在面试、录用大学生的过程中，十分重视他们参与实习的经历和工作表现，如实习岗位与所学专业是否吻合，参加实习的岗位能否提高自己的专业工作能力等。有的大学生在选择实习单位时较为盲目、草率，这将为未来就业和职业发展带来负面影响。

（2）岗位同专业相吻合　学以致用是实现就业和职业发展的一个基本原则。大学生参加实习，在一般情况下要依据自己所学的专业在相应岗位上实习，这样能使大学生在工作实践中积累感性知识，并逐渐认识具体岗位对从业者的工作能力及综合素质的要求，这将有利于未来就业和职业发展。

（3）以就业心态参与实习　有的大学生参加实习，仅仅是为了实习，使个人简历上多一个经历，并不能促进就业和职业发展。以就业心态参与实习，能提高大学生选择实习单位的针对性和实效性，通过实习在工作实践中增长才干，继而达到实现顺利就业、促进职业发展的目的。

5 选择就业机会多的职业

小郭："我是武汉一所高校的本科生，学的是英语专业，考试已通过了专业英语八级。我喜欢英语专业，将来想当翻译，但做翻译的就业机会太少。我对翻译国外文学作品很感兴趣，至于未来的职业发展，想从事国外文学作品翻译的工作，我的职业选择是否科学、可行？请你提出指导意见。"

姚先桥："你提出的问题实际上是在问如何选择就业机会。大学生就业，应当选择就业机会多的职业，某一个职业就业机会愈多，则就业成功的可能性就愈高。你对翻译国外文学作品很感兴趣，想从事国外文学作品翻译的职业，但你对从事这项职业有兴趣并不能作为选择这项职业的决策依据，还要看你在国外文学作品翻译领域是否有相应的能力。你是否翻译过国外文学作品？发表了吗？"

小郭："没有，我只不过是感兴趣而已。"

姚先桥："没翻译国外文学作品，就证明你可能还不具备翻译国外文学作品的能力，况且从事国外文学作品翻译的求职之路很窄，我建议你选择就业机会较多的职业，如商务翻译、科技情报翻译。随着中国对外开放程度的不断加深，商务翻译、科技情报翻译职业将有较大的社会需求，你可以在这两种职业中进行选择。"

理论阐述：职业选择不仅要基于自己的职业兴趣和专业工作能力，还要基于职业的社会需求。如果某种职业的社会需求较小，那么，从事该职业的机会就较渺茫，最终很可能沦落为英雄无用武之地的处境。相反，如果选择目前或未来社会需求量剧增的职业，那么，选择该职业的就业机会就大，职业生涯发展的空间就愈广阔。我国科学家钱伟长出生在一个颇具文学功底的家庭，叔父即为当时的国学大师钱穆。1931 年，他遵照叔父钱穆的意见，以中文和历史两个满分的成绩进入清华大学历史系。刚刚入学，震惊中外的"九·一八"事变爆发了。有一天，钱伟长和班上的同学一起走进圆明园，实地感受了一段中华民族曾经被侵略的屈辱史。曾有"东方凡尔赛宫"之称的"万园之园"圆明园已是满目疮痍。看到这些，钱伟长震惊了、愤怒了，决定弃文学理，他要研制飞机、大炮，要科学救国。从圆明园回来的第二天，他找到物理系主任吴有训教授，要求攻读物理系。吴有训教授查看了钱伟长的入学

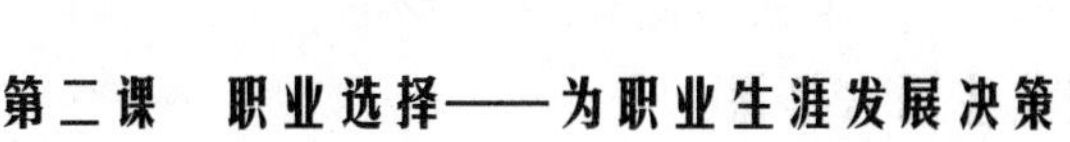

考试成绩后说：“你的数理化总共得25分，中文却考得这么好，你还是读中文系吧！”钱伟长说：“我读物理是为了将来为祖国造坦克、造大炮，是为了救国。”钱伟长选择就读社会最需要专业的故事，能给我们智慧的启迪。

方法指导

（1）理性看待职业兴趣　职业兴趣是选择职业的因素之一，而不是全部，仅有职业兴趣并不能保证求职的成功以及在职业上有较大的发展。一个人在职业上获得较大发展，更多的在于他的职业价值观和职业胜任能力与所选择某项职业的吻合度。因此，理性看待职业兴趣，更有利于我们认识和把握求职成功和职业发展的真谛。

（2）洞察职业社会需求　选择职业不能凭个人主观想象，而要建立在洞察社会职业需求的基础之上，因此，求职者通过对人才市场和招聘媒体信息等途径，对企业招聘岗位及人员需求状况进行调查研究，通过统计、分析和综合等方法，就能知道某些职业的社会需求及需求的程度状况，这些求职信息能为选择职业及作出决策提供科学的依据。

（3）将优势与需求相配　将个人兴趣、爱好、专业知识、能力、经验等优势同企业提供具体的职业（岗位）需求有机结合，即人岗匹配，这是把握就业机会的根本法则，也是谋求职业生涯发展的根本法则。因此，善于认识自己的优势并与企业职业需求高度匹配，是每一个求职者应当思考和解决的重要问题，这个问题一旦解决了，求职者的就业问题自然就会迎刃而解。

6　选择职业要独立思考

小王：“我是武汉工业学院的一名大学生，专业是行政管理，2013年7月毕业。行政管理专业的知识很宽泛，有企业战略管理、人力资源管理等，我不知道今后将从事什么职业。在职业选择上，我乐于从事人力资源管理，但遭到父母和同学的坚决反对，于是不知道未来自己究竟能从事什么职业，这个问题一直令我很苦恼，请问我该如何选择未来将从事的职业？”

姚先桥：“我很理解你目前迷茫的择业心理。你迷茫的原因，表面上是求职的从众心理，听父母、同学的；深层次的原因是你在职业选择上没有独立思考的意识和能力，不得不作出人云亦云的选择。求职者在选择职业时如果没有独立思考的意识和能力，就难以选择同自己兴趣、爱好、专业知识和专业能力相吻合的职业。我建议你在职业实践中反复认识和发现自己，不妨选择一两项职业，先尝试一下，然后分析自己究竟最适合做什么职业，这就是选择职业的独立思考。至于父母、同学的看法或意见，你只能作为选择职业的参考，毕竟是你选择职业，而不是他们。”

理论阐述：选择职业要独立思考，就是要摆脱求职者的从众心理。从众心理可以用“羊群效应”来解释。“羊群效应”是由个人非理性行为导致的。有一则故事阐明了什么是羊群效应：一位石油大亨到天堂去参加会议，一进会议室发现已经座无虚席，于是他灵机一动，喊了一声：“地狱里发现了石油！”这一喊不要紧，天堂里的石油大亨纷纷向地狱跑去，很快，天堂里就只剩下那位后来的石油大亨了。这时这位大亨心想，莫非地狱里真的发现石油了。于是，他也急匆匆地向地狱跑去。羊群效应导致盲从，而盲从往往会使人陷入骗局或遭受干扰。在职业选择领域，同样充斥着从众心理，当某个企业招聘门庭若市时，求职者排队加入应聘者行列，而不问这家企业是否是自己心仪的企业；当一个企业招聘的某一职位吸引了众多求职者的眼球时，人们忘记了自己所学的专业，而盲目加入求职者队伍，如此等等。求职过程中的从众心理，使人容易滋生求职者的盲目、随意求职行为，既不利于科学、理性选择职业，更不利于职业生涯发展，其负面影响不可小视。

方法指导

（1）深刻认识自己　有的求职者在职业选择过程中不能独立思考，其根本原因是不能深刻认识自己，即不知道自己爱好什么职业，自己有什么特长，自己有什么职业梦想，从事何种职业最能应用本人所学的专业知识等。对自己缺乏深刻认识，必然导致选择职业上的随大流、人云亦云的行为产生。因此，求职者在职业选择中要独立思考，要在深刻认识自己上下工夫。

（2）领悟职业知识　学会独立思考选择职业，离不开领悟职业知识。领悟职业知识包括领悟职业性质、工作内容与要求、从业者应具备的品德、知识和能力素质以及薪酬待遇等。对职业知识愈能领悟，就愈有利于求职者独立思考选择职业，从而有利于提高职业选择的成功率。

（3）应用思维方法　在选择职业中学会独立思考，离不开应用科学的思维方法。在职业选择上的盲目和随意，往往同求职者不善于应用科学思维方法有关。科学思维方法包括分析、比较、判断、综合等。例如应用比较思维方法，求职者在选择职业时，只要将两种或多种职业的性质、工作内容与要求，从业者应具备的品德、知识、能力等素质进行比较，并结合自己的实际状况，就不难独立思考选择职业。

7　选择专业谨防赶浪潮

小刘："在职业发展方向上，我感到很迷茫。前几年电子商务专业很热，在准备读大学报志愿时，就仓促地选择了电子商务专业，谁知毕业后才发现电子商务专业并不好就业，原因是读电子商务专业的大学生数量过多。我对电子商务专业谈不上什么爱好，在无可奈何的情况下，我做了9个月的保健品销售。我现在所从事的职业同我学的专业不相吻合，不知道如何选择我的职业发展方向。"

姚先桥："职业生涯规划应始于学生时代，尤其是高中时代。你现在正为盲目选择电子商务专业付出代价，这个负面影响将制约你未来的职业发展。摆在你面前的职业选择，一是继续从事销售工作，因为你有这方面的工作经历并积累了一定的工作经验；另一个是选择电子商务专业的相关工作，发挥自己学有所长的优势。我更赞同你选择同电子商务专业相关的职业，如电子商务师、网络营销等。不爱好某一个职业不要紧，如果你下决心想从事同电子商务专业相关的工作，可以逐渐培养对这项职业的爱好。对职业的爱好有一个从无到有、由浅入深的过程。"

理论阐述：职业生涯规划应始于学生时代。学生时代，尤其是高中时代，是我们选择和确立未来从事职业的关键时期，如果在学生时代就有很强的职业生涯规划意识，那么我们在准备读大学时就不会盲目选择专业。人们所从事的职业同所学专业的关系十分密切，在专业选择上盲目必然会传导至职业。例如，在大学学的是电子商务专业，一般会选择同电子商务应用相关的职业，如电子商务师、网络营销等。如果所学专业是电子商务，而要选择土木工程设计职业，这是专业不对口的职业选择，即便是我们选择了这项职业，又有哪家建筑设计院能聘用我们呢？所以，准大学生在选择专业时要谨防赶浪潮。有的准大学生在选择专业时喜欢追热门，没有思考自己对所选择的专业是否感兴趣，学习该专业及从事该专业相关职业需要哪方面的素质等，这包括专业知识与能力素质等。如要选择企业产品研发职业，就需要良好的理工科知识背景；如果要选择人力资源管理职业，就要具备良好的沟通能力和组织能力等。如果我们在选择专业时能够充分考虑这些相关因素，那么，我们就不会盲目，更不会赶浪潮。

方法指导

（1）深刻认识自己　作为一名准备读大学的青年，在选择未来职业时应深刻认识自己的兴趣、爱好、个性特征、职业价值观和职业倾向，并在此基础上选择相关的职业，这样选择的职业就具有科学性。一个不能深刻认识自己的准大学生，其选择职业的行为必然是盲目的、随意的。

（2）深刻认识职业　职业同专业的关系十分密切。深刻认识职业对于选择专业是大有益处的，譬如职业理想是当一名工程师，从事企业产品开发工作，那么就应选择工科专业。对职业认识愈深刻，就愈有利于我们理性选择专业。因此，准大学生在选择专业时，要多问一下自己，我对这一职业了解吗？我对这一职业有深刻认识吗？如果回答是否定的，那么就不要轻易选择该职业。

（3）寻求职业指导师咨询　准大学生在选择专业时，要善于借外脑。寻求职业指导师咨询是借外脑的有益举措，职业指导师能以科学的态度和系统分析，为准大学生选择专业提出有价值的分析意见，其意见可以帮助自己理性选择专业。

8 选择智力含金量高的职业

小江：“我是一名大学生，所学专业是现代文学。2006 年，我曾在武汉一家大型超市从事营销策划工作，负责卖场的商品陈列、广告宣传、商品促销等工作；2008 年 7 月至今，我在企业做文员，在办公室和人力资源部工作过。现在我对从事文员工作不感兴趣，你认为我应该选择什么职业？”

姚先桥：“很高兴能回答你提出的如何选择职业的问题，这个问题是职业生涯的基本问题，一个人如果不能将这个问题弄清楚，那么，他的职业生涯发展的基础是不坚固的。选择职业除了要选择自己爱好的、有专长的、有社会需求的之外，还有一个标准就是选择智力含金量高的职业。所谓智力含金量高的职业，是指那些知识与智力密集的职业，而办公室或人力资源部的文员则属于智力含金量较低的职业。求职者在选择职业时应优先选择智力含金量高的职业。”

小江：“为什么要选择智力含金量高的职业？选择智力含金量高的职业对于个人职业生涯发展有什么作用？”

姚先桥：“智力含金量高的职业对人的知识和智力素质提出了很高要求，职业门槛高，不仅有利于激发人们的挑战欲望，而且能够形成职业竞争的壁垒，即一旦成为智力含金量高的职业的从业者，就能有效规避激烈的职业竞争与淘汰的风险。这是因为，智力含金量高的职业比智力含金量低的职业更能够在职场竞争中稳操胜券。”

理论阐述：如果到人才市场去观察就不难发现，那些经常光顾人才市场的求职者，绝大多数所从事的职业是那些智力含金量低的人，如办公室、人力资源部的文员，营销部的销售员等，这类职业可替代性强，因而在职场上，他们面临着职场激烈竞争的局面，随时都有下岗的风险。而要做职场上的常青树，必须要选择智力含金量高的职业，这是职业生涯的一大智慧。选择智力含金量高的职业，更容易使我们在职场上出类拔萃、脱颖而出。譬如，选择营销策划职业，就比选择销售员更容易出类拔萃、脱颖而出，究其原因，一是营销策划职业智力含金量高，二是营销策划职业具有很强的挑战性，三是营销策划职业对企业经营业绩的影响甚大。在职业实践中，选择那些智力含金量高的职业，比选择智力含金量低的职业，更容易赢得职场的竞争力。

方法指导

（1）瞄准智力含金量高的职业　求职者要对智力含金量高的职业进行深入分析、评估，以此作为选择智力含金量高的职业的科学依据。一般而言，所选择的智力含金量高的职业愈准确，则其职业选择成功的概率就愈高，其职业生涯发展的空间就愈大。

（2）作好选择智力含金量高职业的准备　选择智力含金量高的职业，要依托于求职者自身的知识和智力素质，如果自身知识、智力素质不高，则很难胜任智力含金量高的职业，因此，求职者在选择智力含金量高的职业时，要在理论和实践的结合上提高自身的知识和智力素质，为选择智力含金量高的职业作好充分准备。

（3）在智力含金量高的职业中辛勤耕耘　如果我们能够成为从事智力含金量高的职业中的一员，就要在这个领域辛勤耕耘，并做到生根、开花、结果。选择智力含金量高的职业，要想在职业生涯中取得长足发展，同样需要付出艰苦的努力。

9　选择同自己性格相吻合的职业

小李：“我是一名应届大学毕业生，专业是市场营销。通过市场营销专业知识的学习，掌握了本学科的专业理论知识，为从事市场营销相关职业奠定了一定的基础。我性格比较内向，加之在读大四时经常上网，封闭了自己，使自己的性格更为内向，不善于同别人沟通，尤其不善于同陌生人交流。听年长的营销员说，从事销售职业要求性格外向，请问我这种性格能否从事营销员这个职业？”

姚先桥：“从你说话的面部表情拘谨、口头表达断断续续且声音较小等方面来看，你的性格的确比较内向。人的性格同所从事职业的关系非常密切，人的性格按对外部世界的态度可分为外向型和内向型。一般而言，从事营销职业具有外向性格的人更加适合，这是因为营销的本质是将产品卖给顾客，将产品卖给顾客的过程就是同顾客打交道，如向顾客介绍产品、同顾客洽谈、签订销售合同等。如果不善于同顾客交流，表情木讷，语言生硬，就很难成为一名优秀的营销员。在营销系列职业领域，还有营销策划这一职业，这一职业适合性格内向的人。我对你的具体建议是，先在一家企业从营销员做起，积累实战营销经验，通过两至三年的打拼，选择营销策划作为职业，这或许就是你未来职业生涯发展的最佳职业定位。因为，没有营销员的职业经历和经验，很难转型为营销策划职业。”

理论阐述：性格是人对现实的态度和行为方式中表现出来的稳定的记忆特征的总和，是某些心理特征在一个人身上的有机结合，体现了个人的独特风格。外向型性格适合的职业：导游、公关、推销员、警察、律师、记者、政治家、管理人员等；内向型性格适合的职业：心理学家、科学家、会计师、统计员等。按对外部世界的感知和认识方法可将性格分为敏感型、感情型、想象型和思考型。敏感型性格的人适合的职业：运动员、公务员等；感情型性格的人适合的职业：政治家、演员、活动家等；想象型性格的人适合的职业：科学家、发明家、科研人员、艺术家和作家等；思考型性格的人适合的职业：工程师、设计师、财务人员、软件开发人员等。根据个人性格特征选择相应职业，是职业生涯的一大智慧。如何依据并适应自己性格选择相关职业，谋求职业发展，是求职者必须正视和解决的一个重要问题。

方法指导

（1）要深刻认识自己的性格。人性格的产生和形成，既有先天的遗传因素，也有后天环境的影响因素。深刻认识自己的性格并不容易，一是要借助专业性格测评工具（软件或量表），认识和发现自己的性格；二是借助第三方评估意见，如同事、上级或职业生涯中介咨询机构，对自己性格作出客观的评估意见；三是通

过参与职业实际工作，并通过职业实际工作业绩验证自己的性格，以及自己性格同相关职业的吻合度。

（2）要依据自己的性格选择相关职业。依据自己的性格选择相关职业，是职业选择和职业定位的一大法则。外向型性格的人选择导游、公关和营销员容易获得职业发展，而思考型性格的人选择商务策划、技术开发职业能够获得职场竞争力，因此，在职业选择问题上要谨防无视性格甚至违背性格选择职业的误区。

（3）将自己的性格同相关职业融为一体。在职场上，我们不难发现那些将自己性格同相关职业融为一体的人，如热情好客的酒店服务生（外向型性格），判案认真、严谨的法官（思考型性格），极富想象力的艺术导演（想象型性格），等等。他们将自己的性格变为提高工作业绩乃至获得职业生涯发展的一个重要因素，使其相得益彰。如果我们能够将自己的性格同相关职业融为一体，会极大提高工作业绩乃至职业生涯发展的空间。

10 选择职业不宜舍近求远

小张：“我是华中师范大学的自考生，专业是网络传播。在职业选择上我很困惑，不知道该怎样选择职业？”

姚先桥：“你有什么困惑？你最想从事什么职业？你最能从事什么职业？”

小张：“我是自考生，这个学历在社会上受歧视，很难找到工作，所以我想从事教育行业，在中学当一名语文或英语教师。对于一个女青年来说，这将是一个不错的选择。最近，我在准备报考教师资格证。”

姚先桥：“我不反对你报考教师资格证，但你应对你选择教师这个职业所面临的门槛及障碍有一个清醒的认识。第一个门槛是你所学的并不是中文或师范院校外语专业，这种专业知识背景的缺乏，使你成为一名教语文或教英语的中学教师困难重重；第二个门槛是你没有教育心理学知识以及教学经验的储备，从事教师职业，教育心理学知识和教学经验的匮乏将是一个很大的障碍。你应当冷静面对这一现实。”

小张：“如果不能从事教师职业，那我该选择什么职业？”

姚先桥：“你学的专业是网络传播，建议你在网络传播相关职业领域寻求发展。随着互联网的不断普及与快速发展，网络传播正在改变着传媒产业，同时网络传播的快速发展迫切需要大批专业人才，网络传播相关职业将会受到社会的青睐，如网络传播影像制作、网络传播营销、网络传播管理职业等。你现在的当务之急是，要寻找机会到一个属于网络传播行业的机构实习，积累工作经验，争取在网络传播相关职业领域寻求发展，这就是你的职业生涯发展之路。”

理论阐述：在职业选择上舍近求远，这几乎是应届大学毕业生求职的一种通病。对自己所学的专业、积累的知识视而不见，熟视无睹，认为这不是自己求职的资本，而对于自己陌生的职业，没有任何知识、经验积累的职业却趋之若鹜，乐于“另辟蹊径”，这是一种典型的“看到别人碗里的菜香”的认识误区，导致不少大学生在选择职业上乐于舍近求远。在职业选择上舍近求远的弊端主要表现在：一是不能结合自己的专长或优势选择职业，加大应聘、就业成功的难度。二是视专业知识积累为儿戏，容易荒废自己所学的专业知识；三是导致个人职业生涯成长、发展的周期延长，不利于在职场上脱颖而出。求职者对职业选择上舍近求远行为的弊端应给予高度警惕。

方法指导

（1）深刻了解职业门槛　职业门槛是指从事某种职业应具备的资格及条件。譬如，从事教师职业需要有教师资格证。求职者如能深刻了解职业门槛，就能清晰判断自己应当选择什么职业，不能选择什么职业。一个对职业门槛一无所知的求职者，是很难选择适合自己天赋、兴趣和才能发展职业的。

（2）盘点自己的从业优势　职业选择上的一个基本思路是认识和挖掘自己的从业优势，将自己的从业优势与选择的职业实现有效对接。譬如，有丰富营销经验，且口才优秀的人，可以选择从事营销培训师职业。将自己的劣势同某种职业对接，极有可能贻误个人的整个职业生涯。

（3）实现人事最佳匹配　人事匹配，通俗地说就是专业人做专业事。职业选择的最佳战略是人事匹配，评价求职者选择职业是否正确的唯一标准也是人事匹配。因此，一切围绕实现人事最佳匹配的职业选择，才是正确的决策。

11 选择企业不要太看重薪酬待遇

小吕：“我是一名大专生，专业是物流管理，工作已有四年时间。我曾在广东一家保健品公司做了三年销售，此后的一年在一家生产家电的企业从事产品质量管理工作，因薪酬待遇不高，我离开了这个企业，现在回到武汉想找一个薪酬

较高的企业。求职一个多月，令我郁闷的是，我并没有找到自己认为薪酬较高的企业。请问，我该如何解决这一求职问题？”

姚先桥：“你选择企业看重薪酬待遇的想法，我很理解。你就业追逐高薪，大学生求职都追逐高薪，问题的关键在于我们能否获得高薪。从严格的意义上来说，员工的薪酬不是企业发放的，而是员工个人创造的，薪酬的多少同员工为企业创造价值的多少有密切联系，而为企业创造价值要看一个员工的专业知识、工作能力和工作业绩状况。你要企业为你开高薪，那么，你首先要问一下自己专业知识储备了多少，工作能力是否优秀，工作业绩是否优秀。如果你对自己上述的‘打分’并不高，我建议你在应聘时不要同企业招聘主管谈薪酬。在选择企业时，要看重企业未来发展前景、个人才能发挥的舞台和培训的机会等，这才是选择企业的重要标准。只要能为企业创造价值，相信你的薪酬待遇不会低。”

理论阐述：在相当长的一段历史时期内，职业是我们谋生的手段。在选择企业时，看重薪酬待遇无可厚非。薪酬待遇的高低也是评判一个人工作能力、业绩是否优秀的重要标准之一。但是我们在选择职业或企业时，不能过于看重薪酬待遇，甚至把薪酬待遇的高低看成是就业或职业发展唯一追求的目标，这种就业观是极不利于职业发展的。哈佛大学曾对美国 1 500 名学生进行过一项调查，询问他们选择自己的专业是出于爱好还是因为赚钱。1 255 名学生回答是因为赚钱，245 名学生表示出于爱好。这项调查累计做了 10 年，目的是了解为了金钱和因为爱好而努力奋斗的两种人，他们最后各有多少人成为富翁。结果显示，245 名学生中有 100 人成了富翁，而在 1 255 名学生中只有 1 人成了富翁。这个案例说明，金钱的价值带给个人职业发展的动力是比较有限的。因此，职场人士对薪酬在个人职业发展中的价值不要看得过重，如果看得过重，无论对于求职还是职业发展，其副作用是毋庸置疑的。职业生涯应追求物质和精神利益的协调发展，即薪酬水平、职业胜任感、工作快乐感和人生成就感的协调发展。仅重物质而轻精神，或仅重精神而轻物质，都很难实现职业发展。

方法指导

（1）树立协调发展观念 树立协调发展的观念，就是要用多视角认识职业生涯成功。评价一个人职业生涯是否成功，绝不仅有一个指标，而是多个指标，如薪酬状况、职业胜任度、工作快乐感和人生成就感等。树立协调发展观，有利于个人追求职业协调发展，促进个人职业生涯目标的实现。

（2）把准薪酬待遇内涵　有的求职者在选择企业时过于看重薪酬待遇，其根本原因是不知道薪酬待遇的内涵。个人薪酬待遇并不是企业施舍的，而是自己在为企业工作过程中应用自己的知识和能力，为顾客提供有价值的产品或服务创造的。把准薪酬待遇的这个内涵，有利于我们有意识地提高自己的工作能力和业绩，一旦工作能力和业绩提高了，企业自然会分配相应的薪酬待遇。

（3）追求职业协调发展　在追求职业生涯发展过程中，物质利益和精神利益二者不可偏废，两手都要抓，两手都要硬。职业胜任感、工作快乐感和人生成就感为提高薪酬待遇水平奠定了基础，而薪酬待遇水平的提高反过来又会为提高工作能力和业绩注入新的活力，从而激发工作快乐感和人生成就感。由此可见，追求职业协调发展是实现个人职业生涯发展的一个重要因素。

12 拓宽职业选择的思维空间

小李：“我是安徽工业大学工商学院的本科生，专业是市场营销。很多人说，学这个专业就是做业务员，跑市场，拜访客户。我是个女孩子，不想做业务员，原因是女孩子跑市场很辛苦，我想做会计，但苦于缺乏专业知识，现在很迷茫，请问我该如何选择职业？”

姚先桥：“学市场营销专业，毕业后只能做业务员，这几乎成了许多市场营销专业应届大学毕业生择业的一种思维定势，其误区是显而易见的，令人遗憾的是你也走进了这个误区。其实，就读于市场营销专业，有很多岗位可供选择，诸如营销策划、客户关系管理、客户服务、导购等，完全用不着在业务员这颗树上吊死。换言之，你如果喜欢思考营销问题，而且文笔较好，完全可以选择营销策划岗位；如果你乐于从事客户关系管理工作，也可以在这一岗位上‘显山露水’，如此等等。求职需要正确的思路，思路决定出路，你现在的当务之急是要拓宽职业选择的思维空间，不要让固有的思维定势束缚了自己的思想和行为。职业选择的思想和行为一旦被束缚了，就很难选择从事最适合于自己的职业。”

小李：“根据我的实际状况，可以选择营销策划职业。”

姚先桥：“这很好，从事营销策划职业宜从业务员做起，做业务员能够了解和认识市场和客户，然后再从事营销策划就有了根基。”

理论阐述：思维定势是人们对客观事物的一种一成不变，甚至僵化的看法。

思维定势常常束缚着我们的思想和行为，使我们不敢想、不敢干。思维定势既是职业选择的障碍，同时也是职业发展的障碍，职场成功人士一个重要的经验就是勇于冲破思维定势的束缚，使自己的思想和行为获得彻底解放。原美国微软中国区总经理吴士宏被微软公司录用之前学的是护理专业，她突破了护理专业不能应聘微软公司职位的心理定势，从前台做起升至管理职位。后来，做到微软公司中国区总经理，在她职业生涯领域创造了令世人瞩目的奇迹。吴士宏职业发展的实践启示我们，在职场上善于突破思维定势，是职业生涯的一大智慧。思路愈开阔，职业生涯发展就愈广阔，这是我们应当遵循的理念。

方法指导

（1）突破思维定势　学市场营销就注定要做业务员，而没有其他的职业选择，这是典型的思维定势。职业选择的思路决定职业选择的出路，而职业选择思维的僵化，则必然导致职业选择的僵化，因此，求职者在选择职业时要敢于突破思维定势，拓宽思维空间，在对诸多职业分析、研究的基础上选择最适合自己从事的职业。

（2）积极发散思维　在选择职业时要将自己的思维尽可能发散，即在由一个点发散至一个面的基础上最终确定最佳的职业选择。以培训师为例，其培训专业领域可以发散至一个面，如礼仪培训、营销培训、领导力培训和职业经理人培训等，然后结合自己的爱好、所学专业、工作经历和经验等实际，经过比较和筛选，最终确定一个最佳的培训专业领域。由此可见，积极发散思维是选择最佳职业的有益方法。

（3）作出最优选择　职业选择的目的是择优，即选择最适合个人兴趣、个人专业才能发展的职业。在思维定势的影响下，很难对职业作出最优选择，而拓宽职业选择的思维空间就能实现最优选择，这种最优选择是通过积极发散思维实现的。职业最优选择将会使我们职业发展开始步入正确的轨道，这将极大地促进职业生涯的发展。

13　求职德商价更高

小王：“大学生就业难已经是一个不争的事实，为了使企业青睐自己，实现就业的愿望，有少数大学生不惜在简历上包装自己，诸如提供虚假证书复印件，编造在企业实习的时间和工作经验，以及编造在某个企业担任过什么职务等。现在就业压力大，你对大学生求职过程中的简历包装现象如何评价？”

姚先桥："我对大学生面临严峻的就业形势和就业压力表示理解。首先，要澄清大学生简历包装这个概念，'包装'一词本来是用于某种物品（如产品）保护的一种手段，将包装的概念应用于简历上，我认为是不科学、不严谨的。你说的简历包装就是简历造假，即简历所披露的求职信息不真实，如伪造获奖证书、工作履历、工作经验和担任职务等求职信息，以蒙骗企业招聘主管，达到求职入职的目的。我对大学生求职的忠告是，不要做简历造假的事情。如果你欺骗企业，到头来，肯定是自己欺骗自己，因为一旦企业发现某一个员工是因为简历造假蒙骗企业入职的，这种员工是很难被信任和重用的。因此，我认为求职德商价更高，它大于求职者智商、情商的价值，这一点值得大学生认同和躬行。"

理论阐述：一个人的品德素质在求职乃至整个职业生涯发展过程中具有十分重要的作用，史学家司马光认为："德者，才之帅也。才者，德之资也。"选才用才的一个重要标准就是德才兼备，诚信的素质在道德评价中占有重要的地位，因此，大学生应该交给企业一份诚信的简历，一份让企业领导值得信任的简历，具体来说就是简历所提供的求职信息客观、真实，经得起事实和时间的检验。大学生求职填写诚信简历，是崇尚德商价值观的表现，同时也极有利于培养自己良好的品德习惯，如诚实守信的习惯、光明磊落的习惯和客观公正的习惯等，这种良好的品德习惯是引导和推动我们在职业生涯获得成功的主要因素，其价值远远胜于从业者具有的知识和能力素质，因此，作为求职者的大学生要充分认识品德在职业生涯中的重要作用，并承诺永远不在简历上造假，永远做一个诚信的求职者，能够为企业信任的求职者。

方法指导

（1）不为造假行为所动　在目前大学生就业压力比较大的情况下，的确有极少数大学生通过伪造证件、履历、经验和职务等方式欺骗企业人力资源部及主考官，使求职成功了。但他们的这种行为一旦败露，终究要承担后果，任何欺骗都是经不起事实和时间检验的，因此，大学生在求职过程中诚实守信的行为本身就是一种良好品行修养的表现，企业是不会将诚实守信的大学生拒之门外的。

（2）重视品德修养　品德修养应贯穿于整个职业生涯，而绝不仅仅体现在求职的简历和面试这两个环节上。大学生一旦进入就业阶段，企业对大学生的品德修养将更加关注，诸如，思考问题是否以企业利益为主，对公司商业机密是否严守，对顾客是否诚实守信，对领导安排的工作是否乐于服从等。一个高度重视品德修养的大学生，其职业生涯成功的概率要远远高于那些轻视品德修养的大学生。因为，前者更容易得到企业领导、同事乃至顾客的信任、支持和帮助。

（3）德与才协调发展。如何实现德与才协调发展，是每一个职场人士必须面对和解决的重要问题。德与才的协调发展就是德与才两手都要硬，缺一不可，即德才兼备，最终形成德与才相互促进的关系，即当我们品德得到修炼时要提高知识和能力素质，当我们知识和能力素质有较大提高后要修炼自己的品德，如诚实、守信、敬业等。如果一个人能在德与才两个方面协调发展，即德与才都出类拔萃，其职业生涯不成功都是困难的。

14 求职要摆脱从众心理

小周："我是一名大学生，学的是园林设计专业，2012 年 7 月毕业的。我目前在人才市场找工作很惶恐，很难实现专业对口，在较严峻的就业形势面前，我不知道该选择什么职业。我喜欢园林设计专业，但要想从事这个职业实在太难了，上一届 80%的毕业生都没有从事园林设计专业工作，请问我该如何选择职业？"

姚先桥："我很理解你现在的求职心理，彷徨，犹豫，没有方向感。你喜欢园林设计专业，这很好，这将为你未来职业发展注入新的活力。面对就业形势的压力，以及许多学习园林设计专业的大学生纷纷另谋高就，你以他们为榜样进行学习，今后从事同自己所学专业不相关的工作，这种盲目从众的择业心理存在种种误区，其误区在于你对自己从事园林设计专业工作不自信，盲目效仿其他求职者的行为。任何一种选择都意味着另一种放弃，而且任何一种选择都将伴随相应的风险，没有哪种选择注定是充满鲜花和掌声的。试想，如果你不从事学以致用的园林设计专业工作，而从事其他任何一项工作都会面临专业知识和能力的缺乏问题，做营销要有营销专业知识，从事人力资源管理需要人力资源管理的专业知识。如果你将以前学到的园林设计专业知识"推倒重来"，那么将付出极高的求职成本。有谁说你今后不能从事园林设计工作呢？况且，园林设计专业随着生态城市、园林城市的建设以及民用住宅小区的园林化发展，未来对园林设计专业人才的需求将会逐渐呈现出增长的态势。因此，我认为选择职业时要有独立思考的意识，摆脱从众心理的误区。"

理论阐述：求职成功有很多因素，如能够准确表达自己求职意向的简历，寻找同自己所学专业相吻合的职业等，但还有一个重要的因素是求职者要独立思考，摆脱从众心理。事实是，这世界上从不曾有哪个人是靠盲目效仿他人而成功的。

相传清代著名书画家郑板桥年轻时，曾临摹历代名家的各种书法体，竟达到几乎可以以假乱真的程度，但人们对他的字并不欣赏。怎么回事呢？他常常陷入痛苦的沉思。一天晚上睡下之后，郑板桥进入了书法练习的痴迷境界，不知不觉地以手做笔，在妻子的背上写来写去。妻子问他干什么，他说在练字。妻子一语双关地对他说："要练字吗？你有你的体，我有我的体，你老在别人体上缠什么？"郑板桥听了，恍然大悟："对呼！我为什么老模仿别人呢？应当创造自己的风格！"从此，他博采众家之长，以隶书与篆、草、行、楷相杂，用作画的方法写字，终于形成了独具特色的书法，成为享有盛誉的著名书法家。这个故事也能给求职者智慧的启迪，这就是职业选择最重要的标准——选择最适合自己的职业。

方法指导

（1）深刻认识自己　古希腊戴尔菲城的一座神庙里，镌刻着苏格拉底的一句名言：认识你自己。求职者为何能滋生从众心理，从本质上来说是不能深刻认识自己造成的，这导致他们在职业选择上没有主见、迷茫、彷徨。而一个能深刻认识自己的人，一定对自己的职业爱好、专业特长、职业定位等了如指掌。因此，能深刻认识自己的人是能够摆脱求职的从众心理的。

（2）学会独立思考　求职贵在独立思考，忌人云亦云。在求职领域，学会独立思考是摆脱从众心理的有益举措。在求职时，学会独立思考就是学会分析、判断自己最适合从事什么职业，在什么职业上最能发挥自己的专业优势和潜能。而不会独立思考的求职者，总是习惯于随大流，效仿其他多数求职者的行为，给自己求职和职业发展带来负面影响。

（3）个人与职业匹配　求职者在应聘过程中，要将着眼点放在个人与职业能否有效匹配这个关键问题上，而不要放在是否同其他求职者行为的比较上。求职者如果能将着眼点放在个人与职业有效匹配问题上，从众心理自然就会消除。

15 求职要对接所学的专业

小余："我是武汉一所高校的大学生，学的是汽车营销专业。2008 年 7 月毕业后，我曾在一家房地产公司从事二手房代理及销售工作，因公司受金融危机冲击，发展受到严重影响，于是我去了一家保健品公司做销售，前不久我离职了。

我喜欢从事汽车营销职业。在读大四时，我曾经在 4S 店实习，成功地销售了一辆轿车。后来，我将这次实习、销售汽车的经历和收获撰写了一篇文章，发表在大学的报刊上。你看，这就是我写的那篇文章。”

姚先桥：“从我阅读的这篇文章中发现，你很有汽车销售才能和潜质，如向顾客介绍轿车款式、排气量、油耗等专业知识，你为什么不直接到某个汽车销售代理商处应聘，从事专业汽车销售工作呢？”

小余：“我怕应聘单位因为我没有经验而被拒绝，而且我在房地产企业销售二手房，在保健品公司销售保健品，就是为了积累销售经验，为以后从事专业汽车销售打基础。”

姚先桥：“你通过在房地产企业和保健品公司从事销售工作积累汽车销售经验，我认为不妥，因为你学的专业是汽车营销，你不应该舍近求远。你大学毕业后直接从事汽车销售职业岂不是更好，其‘距离’最短，直接积累汽车销售经验岂不更快捷。在求职时直接对接职业发展目标，是职业生涯的一大智慧。这可以节省我们宝贵的时间和精力，使我们更加快速地对接并实现职业发展目标。”

理论阐述：求职直接对接职业发展目标，是职业生涯的一大智慧。有一个故事值得与大家交流：王选是当代中国著名的科学家，是举世公认的计算机汉字激光照排技术创始人。大学选择专业时，他看到国家“十二年科学发展远景规划”中把计算机技术列为重点发展学科，又了解到未来计算机技术的应用将对国防和航空工业产生巨大影响，便毅然决定攻读当时冷门的计算数学专业。大学毕业后，王选以巨大的热情投入到计算机应用工作中。他敏锐地意识到国家汉字信息处理系统工程中“汉字精密照排系统”的研究成功将引起我国报业和出版印刷业的深刻革命。1979 年，王选主持研制成功汉字激光照排系统的主体工程，从激光照排机上输出了一张八开报纸底片。1981 年后，他主持研制成功的汉字激光照排系统、方正彩色出版系统相继推出并得到大规模应用，实现了中国出版印刷行业“告别铅与火，迎来光与电”的技术革命，成为我国自主创新和用高新技术改造传统行业的杰出典范。王选选择职业的经验值得我们借鉴。

方法指导

（1）专业对接职业　将所学专业同相关职业对接，既是求职的短程线，更是求职者的效率线。学的是汽车营销专业，直接对接汽车销售职业；学的是土木工程专业，直接对接建筑设计，如此等等。这种求职的短程线和效率线，不仅有利于提高应聘成功的概率，更有利于求职者获得职业生涯的发展。

（2）克服恐惧心理　有的应届大学生之所以难以找到同专业对接的相关职业，一个重要原因在于求职者有一种恐惧心理。他们总是担心自己难以找到同专业对接的相关职业，于是在求职过程中“随行就市”，不讲求专业是否对口，只要谋到一个职业就行。可见，克服恐惧心理，有利于求职者找到同专业对接的相关职业。

（3）耐心寻找机会　在大学生就业形势较为严峻的社会条件下，求职者将所学专业对接相关职业，绝非轻而易举。将所学专业同相关职业对接需要耐心寻找机会。只要求职者有耐心寻找机会的意识和定力，最终是能够找到同专业对接的相关职业的。在这里，建议应届大学生在求职过程中要善于调整求职心态，在求职时多一点宁静的心态，少一点浮躁的情绪，这将有利于我们寻找就业的机会。

16 对所学专业就业态势进行评估

小定：“我现在是一个大三的学生，所学专业是外贸英语。2013 年，我就要面临就业问题了。我现在就想明确未来职业生涯发展方向。毕业时，我能否找到外贸英语专业工作岗位？如果难以找到，我现在该作好哪些准备呢？”

姚先桥：“很高兴你在读大三时，就有很强的职业生涯规划意识，尽管还没有进入应聘求职阶段，但你作好就业的充分准备则是必要的。外贸英语专业是为企业培养国际贸易英语人才而开设的一个专业，未来，外贸英语人才将大有用武之地。为了实现 2013 年就业，你对所学专业的就业态势要进行评估，这包括就业需求评估、就业机会评估、就业难度评估、就业者所应具备的知识和能力评估等。我想你还应该对 2013 年应具备的知识和能力进行评估。”

小定：“我不知道如何对自己应具备的知识和能力进行评估？”

姚先桥：“这很简单，你仅仅需要了解一下，目前外贸企业工作三年、从事外贸英语专业岗位的人员已经具备了哪些知识和能力，然后对自己是否具备了外贸英语专业人员的知识和能力状况进行评估。经过评估发现某些知识和能力上存在不足或缺憾的，从现在开始就要充电，作好就业的充分准备。譬如，倘若你缺乏同外商谈判的知识，就要在这个知识领域多积累；如果你的英语口语表达能力不强，就要提高英语口语表达能力，如此等等。”

理论阐述：我国春秋战国时期的军事家孙子，在其兵法中有一个核心思想，即“知己知彼，百战不殆”。在职场上，要寻求职业发展，同样需要“知己知彼”，而

"知彼"就包括对就业环境、所学专业就业态势的了解和评估，以此作为选择职业及工作岗位的科学依据。以外贸英语专业为例，为了实现毕业后顺利就业，就要对外贸英语专业的需求（如地域、企业需求）进行分析与评估，以掌握外贸英语专业人才的就业需求及态势，还要对企业的外贸英语专业人才录用标准以及优化自己的知识、能力结构等有较深入的了解，使自己在人才市场竞争中处于优势地位。

方法指导

（1）要提高前瞻性思维能力　前瞻性思维能力是一种以超前眼光，分析、掌握客观事物现状和发展态势的能力。对所学专业就业态势进行评估，离不开前瞻性思维能力。前瞻性思维能力愈强，就愈能认识和掌握所学专业的就业态势，从而根据就业态势调整自己的知识、能力结构，提高未来就业的成功率；相反，缺乏前瞻性思维能力的人，是很难认识和掌握所学专业就业态势的，因而会成为制约就业成功的一个重要因素。

（2）对所学专业就业态势要进行调查研究　对所学专业就业态势进行评估之前，一定要调查研究，没有调查研究就对所学专业就业态势进行评估，其评估就是无源之水、无本之木。在调研方面，除了了解国家、地方产业政策之外，通过到人才市场同企业招聘者进行沟通，也是获得调研资料的一个重要途径。企业招聘者对企业各岗位人才需求及岗位员工素质有较强的分析能力，其调研资料有较高的可信度，有利于对所学专业就业态势进行评估。

（3）对所学专业就业态势进行评估　对所学专业就业态势进行评估，其作用是为未来就业提供科学决策依据。对所学专业就业态势评估的主要内容包括：对所学专业需求评估、就业机会评估、企业对从业者知识与能力素质及要求评估等。评估者要撰写评估报告，为未来就业提供科学决策依据。尽管对所学专业就业态势进行评估需要投入一定的精力和时间，但为了实现未来职业生涯发展，投入是有价值的。

17 谨防职业选择的布里丹效应

小许："我是2008年毕业的大学生，学的是会计专业，后来我又学了行政管理。我现在不知道如何选择职业，比较迷茫，总是在会计和行政管理两种职业选择之间徘徊。对于没有会计和行政管理实际经验的我来说，求职是一件较难的事情，我缺乏找工作的勇气。”

姚先桥：“大学毕业后就要找工作，这是无需犹豫的事情，你在求职过程中有什么顾虑？”

小许：“我确实有很多顾虑，比如我想选择会计，又担心丢了行政管理专业，倘若选择了行政管理，又怕失去会计专业；还有如果参加会计面试，又担心企业不录取我，如果企业不录用我，我会更加郁闷甚至痛苦。请问我该如何打开这个心结？”

姚先桥：“在求职领域，你存在较严重的心理障碍，抑郁与恐惧并存，瞻前顾后，患得患失，犹豫不决，这种心理障碍给求职造成较大的负面影响，使你不敢面对和正视目前较严峻的就业形势。大学生迈向求职之旅，不要想得太多，想太多了就容易患得患失，就会裹足不前，缺乏行动力。我建议你全面、深刻思考自己当下的职业定位，如果想从事会计职业，那么就下定决心应聘会计工作；同样，如果你认为自己更适合做行政管理工作，那么就要果断放弃会计职业，总之，两者必选其一。还有一种方法是你先尝试会计或先尝试行政管理工作，经实践检验，如果自己适合其中某个职业，就果断选择那个职业，这是一种最有效的方法。”

理论阐述：小许的求职故事是一个典型的职业选择布里丹效应。职业选择上的布里丹效应普遍存在。布里丹效应：法国哲学家布里丹养了一头毛驴，每天向附近的农民买一堆草料来喂。这天，送草的农民对哲学家很景仰，额外多送了一堆草料，放在一旁。这下子，毛驴站在两堆数量、质量、与它的距离完全相等的干草之间可为难了，它虽然享有充分的选择自由，但由于两堆干草价值相等，客观上无法分辨优劣，于是左看右看，以致无法分清哪一堆好。这头可怜的毛驴就站在原地，一会儿考虑数量，一会儿考虑质量，一会儿分析颜色，一会儿分析新鲜度，犹犹豫豫，在无所适从中饿死了。有不少应届大学生在职业选择中常常会遇到诸多抉择，如权衡就业与专业的关系、就业与薪酬的关系等，如果犹豫不决、举棋不定，那么就极有可能错过宝贵的求职、就业机会。因此，如何谨防职业选择的布里丹效应就显得十分重要。

方法指导

（1）深刻认识自己　应届大学生在求职过程中瞻前顾后、犹豫不决，从根本上来说是一种缺乏深刻认识自己的表现，对自己的职业兴趣、职业倾向和职业定位不了解，面对职业选择的种种诱惑就会步入职业选择上的布里丹效应，因此，谨防职业选择上的布里丹效应的重要因素就是要深刻认识自己。

（2）权衡利弊得失 职业选择上的犹豫不决、彷徨心理，往往在于求职者权衡利弊得失的能力不强，不能在短时间内判断一种或多种职业选择的利弊得失，陷入“掌心掌背都是肉”的选择心理误区。因此，权衡利弊得失是果断选择职业的前提条件。

（3）快速果断决策 求职者在职业选择上的患得患失、优柔寡断，往往会错失宝贵的求职、就业机会。职业选择是一种决策，决策的原则是取其利而避其弊，并使利大于弊。在职业选择上，只要利大于弊，就应该快速果断决策，这样有利于把握宝贵求职、就业机会。

18 谨防盲目跳槽的风险

小李：“我是2007年毕业的大学生，所学的专业是物流管理，曾在某省物资储备管理局下属的一家企业工作了一年。两周前，我应聘广东佛山一家家具企业，该公司招聘跟单员。在参加公司组织的部门经理面试中，我凭着自己的专业知识和工作经验的优势赢得了面试主考官的好评，部门经理同意我入职。对此，我很高兴。随后，我立即向原工作企业的领导递交了辞职报告。当我前来这家公司办理入职手续时，该公司人力资源部经理说：‘公司并没有决定录用我。’后来，我找到那位部门经理，质问说：‘为何说话不算数？’并述说自己已向原单位提出辞职且遭遇求职的困境。他说：‘我将向领导汇报此事，尽快解决入职问题。’谁知时隔一周，我没有盼到这家公司任何关于入职的消息，有一种被欺骗的感觉。对此，我很苦恼和郁闷。请问，我现在该怎样面对和解决这次跳槽遭遇的困境？”

姚先桥：“我很理解你因盲目跳槽遭遇的困境。目前，确有少数招聘企业存在随意承诺、不守诚信的行为，我想你不必再苦恼和郁闷，吃一堑，长一智，相信你会吸取这次盲目跳槽的教训。在这里我想同你沟通的是如何谨防跳槽风险的问题，这次跳槽已经给你带来了风险，原单位已经回不去了，而新单位入职又亮起了红灯，处于进退两难的境地。跳槽是寻求职业发展的一个有效途径，但不应盲目甚至草率。跳槽，尤其是在有工作单位的情况下选择跳槽，一定要慎重。向原单位领导递交辞职报告之前，一定要同新的应聘单位领导，尤其是部门经理及人力资源部经理就办理入职手续事宜达成高度一致，并与其签订劳动合同。这种安全措施能有效防范盲目跳槽风险，相信你会汲取此次盲目跳槽遭遇求职困境的教训。”

理论阐述：不少职场人士都有跳槽的经历。跳槽是实现职业发展的一个重要因素，如实现职业转型、寻求较高的薪酬待遇、获得良好的人际关系等。但跳槽是一把双刃剑，理性的跳槽有利于达成职业生涯发展目标，而盲目的跳槽则会导致职业发展遭遇困境，对实现职业生涯目标产生负面影响。据北森测评网与原国家劳动和社会保障部劳动科学研究所、新浪网联合发布的《当代大学生第一份工作现状调查》显示：在找到第一份工作后，有50%的大学生选择在一年内更换工作，两年内大学生的流失率接近75%，比例之高令人震惊。谨防盲目跳槽风险的一个重要因素就是要树立科学跳槽观。科学跳槽观是指将跳槽纳入整个职业发展规划中运筹，使跳槽真正成为赢得职业发展的契机。树立科学跳槽观包括：①寻找跳槽的真正理由。如果没有找到真正的理由，就不要跳槽。②确立跳槽所要达成的目标。倘若不能达成目标，就不要轻易跳槽。③拟订跳槽计划。如果没有跳槽计划，就不要随意跳槽。如果将科学跳槽观贯穿于整个跳槽过程中，那么，跳槽不仅不会遭遇风险，而且还会创造职业生涯发展的宝贵机会。

方法指导

（1）寻找跳槽理由　在选择跳槽时，要多问自己几个为什么。诸如，是到了职业转型的时候吗，目前的薪酬待遇在同行企业中是否确属较低水平，部门人际关系不和谐是同事的原因还是自己的原因等。只有找到跳槽的真正理由，并能说服自己，然后作出跳槽决策，这种跳槽行为才是合乎科学的。

（2）拟订跳槽计划　凡事预则立，不预则废。跳槽是实现职业生涯发展战略目标的一种有益策略，只要这个策略实施得当，就会对实现职业生涯战略目标带来积极和深远的影响，如通过跳槽实现职业转型、获得职业发展新的平台等。跳槽计划愈周密，愈有利于跳槽策略的有效实施，从而将跳槽的风险降低到最低程度。

（3）落实跳槽计划　拟订了跳槽计划，就一定要有效执行。落实跳槽计划就是要将跳槽计划不折不扣地执行到位。具体来说就是要将跳槽的企业、时机、专业岗位等落实到位，保障跳槽目标的实现。有的职场人士在跳槽之初有计划，但当遭遇求职困难时却常常随意更改计划，未能达到跳槽的目标，这说明执行跳槽计划是非常重要的，值得大家铭记。

19　频繁跳槽贻误自己

小吴："我是一名大学生，2007 年毕业，专业是计算机应用。参加工作两年来，我一直不知道自己能从事什么职业，不知道自己能做什么。我曾经在深圳一家电镀企业从事仓库保管员工作，在武汉一家企业做过计算机维护工作，还在一家餐饮公司做过配菜工，到现在我仍然在求职。我向你咨询的问题是，如何避免盲目跳槽行为？怎样提高个人在职场的竞争力？"

姚先桥："两年来，你并没有沉下心来专门从事一项职业，而是在职场上跳来跳去。没有自己的专长，而且你所从事的工作的技术含金量并不高，如仓库保管员和配菜工，这种频繁跳槽会贻误自己，最终会使你在职场上形成不了自己的专业优势，在就业环境比较严峻的条件下，你的求职已经处于十分被动的局面。不知你是否意识到了这个问题及其负面影响，尤其是对你未来职业生涯发展的负面影响。"

小吴："我想过，但没有想到对未来职业生涯发展的负面影响，我总认为只要有一份工作，能挣钱，做什么都行。你认为我该如何避免盲目跳槽的行为？怎样提高职场竞争力？

姚先桥："是的，做任何一项工作都能挣钱，但要看这份工作是否同自己所积累的专业知识、技能和经验相吻合，如果所选择的职业同自己所积累的专业知识、技能、经验联系不多，那么，你所选择的职业不仅挣钱不会多，而且还有随时被他人顶替或淘汰的可能，反之如果你毕业后选择学有所长、用有所长的职业，潜心工作两三年，不跳槽，那么，你在职场上就有一定的竞争力。至于如何避免盲目跳槽的行为，建议你树立和躬行'爱一行，专一行，精一行'的职业价值观，提高你在职场的竞争力。如果你做到了这一点，那么自然就有职场竞争力。"

理论阐述：跳槽在职场上是一种常见的现象，但跳槽是一把双刃剑，跳得好，有利于职业发展，跳得不好，则有损于职业发展。评价跳槽跳得好的标准包括：所跳的岗位同所学的专业知识相吻合；所跳的企业工作条件和环境更有利于职业发展，如培训机会多、晋升空间大等。而频繁跳槽是一个不好的现象。频繁跳槽的弊端：①不利于工作经验的积累。如果一个人在不同的企业或专业岗位上频繁变动，其工作经验没有什么含金量，频繁跳槽至多能成为一个"万金油"式的员工，而绝不可能成为一个专业人才。②加大企业领导和员工的信任成本。经常跳槽必将加大领导和员工的信任成本。跳槽者每更换一个企业，都要面对陌生的领导和员工，而个人才能和业绩要得到领导和员工的认识和信任需要一个较长的时间，因此，应当高度重视频繁跳槽的负面作用。

方法指导

（1）理性面对跳槽　跳槽是一把双刃剑，职场人士既要看到跳槽带来的机会，更要认识到跳槽有可能带来的伤害。跳槽频繁对于个人来说没有什么好处，一个人在职场上的成就并不在于有多少工作经历，而在于工作能力和业绩是否优秀，在职场上能否脱颖而出。

（2）理清跳槽理由　为了克服随意、盲目跳槽行为，理清跳槽理由是非常必要的，如扪心自问，我为什么要跳槽，我跳槽究竟要达到什么目的，我跳槽将为职业生涯带来什么发展等，如果没有充足的跳槽理由，那么就应当及时杜绝盲目跳槽的行为。

（3）权衡跳槽利弊　选择新的企业或岗位要权衡跳槽利弊。利大于弊，即所选择的企业有利于职业发展，就可以选择跳槽；反之，利小于弊，则不宜选择跳槽。因此，职场人士在跳槽之前一定要权衡跳槽利弊，通过对跳槽利弊的全面分析，拟订跳槽计策，这将有利于实现个人职业发展。

第三课

职业定位

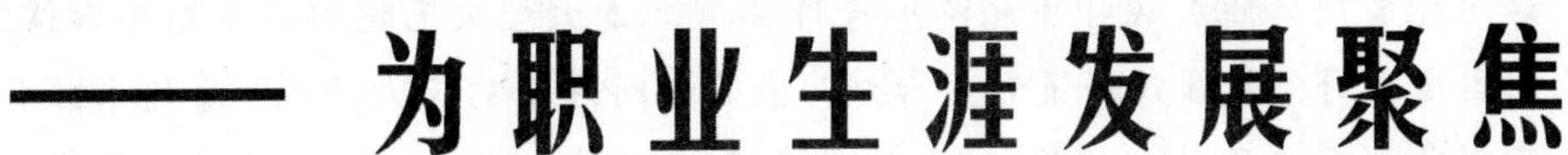

——为职业生涯发展聚焦

1 职业发展要立足于“根据地”

小胡：“我是2010年毕业的大学生，所学的专业是计算机与多媒体。由于从事多媒体相关工作需要美术功底，我苦于缺乏这方面的天赋，毕业后从事的职业一直游离于计算机与多媒体专业之外，做过销售，如卖过毛巾、送过报纸。前几天，我应聘一家保险公司的业务员，被录取了，但我实在不想舍弃所学的专业知识。最近，我在一所学校参加计算机编程课程的培训，现在很困惑，请问我应该选择什么职业？”

姚先桥：“我很遗憾地了解到，你毕业后将所学的专业搁置一旁，从事卖毛巾、送报纸这种知识含金量较低的工作。计算机与多媒体是一个就业面较宽泛的专业，如果你缺乏美术天赋，不能从事平面设计或动漫产品的开发工作，但同计算机技术应用的相关职业是可以选择的，如企业局域网的管理与维护、计算机及相关产品的销售等。你若在上述职业领域求职，有大学专业知识背景，其职业发展的基础要坚实一些，总比你做送报纸的工作更有利于个人职业发展。你现在大学毕业已经两年了，在职场上没有什么竞争力，其原因在于职业发展没有立足于‘根据地’。所谓职业发展的‘根据地’就是最能够应用我们所学的专业知识和能力的职业领域及边界。基于你所学的专业，建议你立足于计算机与多媒体这个职业发展的‘根据地’，尝试计算机与多媒体相关的职业工作，经过不懈努力，终究会在这块职业发展的‘根据地’上收获职业生涯发展的硕果。”

理论阐述：任何个人职业发展都需要立足于职业发展的“根据地”，即便是天才级的人物也是如此。例如，张艺谋无疑是一个天才级的人物，但无一例外他也有自己的职业发展“根据地”，张艺谋在三个领域都取得了举世瞩目的成就：一是电影。作为导演，他导演《英雄》等大片。二是大型实景舞台艺术策划与导演，如《印象刘三姐》、《印象丽江》等作品。三是大型文艺晚会的策划与导演，如北京奥运会开、闭幕式的策划与导演。张艺谋所涉猎的三大领域，看起来非常宏大，其实他也有自己的“根据地”，这就是表演艺术。他将人物、舞蹈、美术、服装、实景、道具、灯光和音乐等元素进行有机组合，打造出三个不同艺术风格的系列作品。张艺谋的职业发展从来没有离开过这块“根据地”，所以他职业生涯的成功与辉煌是必然的，因为张艺谋将自己所有的时间和精力全部聚焦于这块“根据地”

上，这“根据地”上自然就会枝繁叶茂并结出丰硕的果实。而有的职场人士，在职业发展上缺乏建立“根据地”的意识，往往是东一榔头、西一棒子，今年做研发，明年“跑”销售，后年从事生产管理工作，对于职业发展的“根据地”缺乏系统、整体规划，将自己有限的知识、能力、智慧、时间和精力分布在多个职业领域，其职业生涯难以结出硕果也是必然的事情。

方法指导

（1）精心选择“根据地”　要想职业生涯有所作为，就必须以有所不为为前提条件。要精心选择“根据地”，根据自己的所学专业、能力优势、工作经历和经验等精心选择一个职业或一个专业，以此作为个人职业发展的“根据地”，这是制订职业生涯规划的一个重要方法。

（2）长期坚守“根据地”　精心选择“根据地”固然重要，但能否长期坚守“根据地”则更为关键。任何一个人的职业生涯成功都是长期坚守“根据地”的结果。长期坚守“根据地”要有“咬定青山不放松”和不抛弃、不放弃的执著追求精神，只要有这种精神，才能战胜外界的种种诱惑，长期在自己的职业领域辛勤劳作。

（3）精耕细作“根据地”　职场人士要想自己的职业生涯结出硕果，就要像农民那样，对“根据地”精耕细作，如施肥、浇水（学习与充电）和修剪枝叶（反省自己的不足）等，这些都应成为每月、每周甚至每天必做的功课，并养成良好的习惯。如果我们在“根据地”上精耕细作，何愁职业生涯不结出硕果。

2 职业定位宜早不宜迟

小王：“我学的是环境工程专业，毕业的两年时间里在三家企业从事了三种职业。一是在浙江一家企业从事污水处理设备的销售工作；二是在武汉一家企业从事污水处理技术服务工作（对建好的污水处理厂进行技术调试）；三是在一家电镀企业从事环保管理工作。工作两年来，我不知道该如何定位自己的职业，请问我该如何定位？”

姚先桥：“你的确到了需要解决职业定位问题的时候。两年来，你从事环保企业的销售、技术和管理岗位，这些岗位都没有脱离环境工程专业，这很可贵。但你实际上从事了三种职业，即销售、技术服务和管理，这三类职业有着本质的区别。我不知道你最终会选择哪个职业作为自己职业生涯发展的方向，但你必须尽早作出选择，否则，在这三个职业中晃来晃去，你未来的职业生涯很难获得较大的发展，因为现代人才的职业发展是以专精取胜的。如果你最乐意从事环保企业的产品销售工作，并经过实践证明你在这方面有潜质，那么，可以将环保企业产品销售岗位作为自己的职业定位。你要善于在销售、技术服务和管理三个岗位中认识自己、权衡自己，在此基础上作出职业定位的最佳选择，因为职业定位宜早不宜迟。”

理论阐述：“360行，行行出状元”这句话没错，但一个人不可能在多个行业上做到第一。做到第一的人，一定是将自己的兴趣、专业、专长等同企业和社会给予的资源有机结合、匹配的人。要想在职业生涯获得发展，首先就要解决职业定位问题。有位方能有为，做好职业定位的关键在于如何尽早发现自己专业才能的优势。有这样一个真实的故事值得交流：一个乞丐在地铁出口卖铅笔，这时过来一位富商，他向乞丐的破碗里投了几枚硬币便离去了。过了一会儿，富商回来取铅笔，对乞丐说：“对不起，我忘了拿铅笔，我们都是商人”。几年后，这位商人参加一次高级酒会，一位衣冠楚楚的先生向他敬酒致谢并告知说，他就是当初卖铅笔的乞丐。生活的改变得益于富商的那句话：“我们都是商人。”试想，如果乞丐一直没遇到这样一位商人，一直甘心做一名乞丐，也许他的人生就少了一份成功。乞丐将自己定位为一个商人，经过努力，就具备了成为商人的可能性。这就是职业定位的价值和魅力。所以，做好职业定位，是获得职业发展的根本因素，也是职业生涯的一大智慧。

方法指导

（1）高度重视职业定位的作用　职业定位是谋求职业发展的基础。有了职业定位，就有职业发展的方向和动力，引导人们朝着既定的职业生涯发展目标前行，能有效地将自己的时间、精力、知识和智慧等聚焦到所选择的职业上，并达成职业发展目标。而没有职业定位的人，他们的时间、精力、知识、经验和智慧等处于分散状态，没有自己职业发展的“根据地”，很难获取职业生涯发展的成果，因此，任何低估职业定位在职业发展中作用的人，都会犯战略性的错误。

（2）勇于尝试多种职业　人究竟选择从事什么职业最能发挥自己的天赋、专长和智慧，一个有效的途径就是参加社会职业实践。在尝试多种职业的过程中去认识、发现自己的天赋、专长和智慧，勇于尝试多种职业是做好职业定位的前提条件和必要环节，这对应届大学毕业生来说尤为重要。一个人在一生中究竟最适合于从事什么职业，最有效的方法是勇于尝试多种职业，在尝试多种职业之后对自己所要从事的职业进行科学的战略决策，即职业选择。

（3）对职业定位进行科学论证　职业定位在职业生涯规划中属于战略决策，职业定位决策的失误将会导致职业生涯规划的失败。因此，对职业定位进行科学论证是非常有必要的。对职业定位进行科学论证，一是要借助于第三方的意见。同事、上司或职业生涯中介咨询机构对自己职业定位的咨询意见，能够深刻洞察职业定位是否科学、客观和准确。二是要在职业实践中进行验证。实践是检验职业定位是否科学的唯一标准。做出职业定位决策之后，还要在职业实践中进行验证，没有经过职业实践验证的职业定位，其科学性是值得怀疑的。

3 在反思中找准职业定位

小周：“最近有些苦恼，不知道自己要到哪里去，该怎么走未来的路，想要的得不到，现实的遭遇又很无情。我有时总在问自己：我到底适合做什么？什么职业才是适合我的？我曾在一家培训公司做营销员，目前我在武汉一家金融机构从事投资顾问职业。我的终极事业目标具体是做什么行业？什么职业？什么角色？难道我还要尝试下去吗？已经没有多少时间再让我尝试了。最近我有一个朋友叫我去做保险，他已经做了三年，积累了很多客户，到时候也会给我介绍，我如果去做保险就不需要到处寻找客户了，没有传统销售要到处开发客户那么辛苦，只要坚持一段时间，收入一定比传统行业高。姚老师你觉得呢？保险这个行业适合什么样的人做呢？”

姚先桥：“你说你‘最近有些苦恼，不知道自己要到哪里去，该怎么走未来的路’，而且说‘有时总在问自己：我到底适合做什么？什么职业才是适合我的？’我不知道你学的是什么专业，现在所做的专业工作是否能发挥自己的才能等，这些基本情况我一点都不了解，不能妄加评论。如果你对投资顾问这项工作有兴趣，且表现出一定的工作业绩，那么，我建议你不要轻易跳槽，而且要在这个专业领域长期做下去。至于工作不顺利，这很正常，谁的工作都不会很顺利，愈是从事具有挑战性的工作，就愈不顺利。因此，我们对待工作中的不顺利要坦然面对，绝不要抱怨。至于你能否去做保险，我建议你多思考一下，尤其要反思一下自己的知识、能力、工作经验积累以及自己从业的兴趣等，究竟适合从事什么工作。如果适合从事投资顾问工作，就坚持做投资顾问。如果你的专长和兴趣不在投资顾问上，那么可以选择做保险。如果选择了做保险，就要作好充分准备。做保险推销员很辛苦，另外，你的朋友可以帮助你做保险，但客户最终还需要自己去维护，在这方面也要作好充分准备。”

理论阐述：要找准职业定位，一个重要的途径就是反思。余秋雨最终找到自己的职业定位就是源于他的反思。1968 年 8 月，余秋雨毕业于上海戏剧学院戏剧文学系。1983 年之后，由于出版了一系列学术著作，如《戏剧思想史》、《中国戏剧史》、《观众心理学》、《艺术创造论》等，他先后获全国戏剧理论著作奖、上海市哲学社会科学著作奖、全国优秀教材一等奖。1985 年，余秋雨成为当时中国大陆最年轻的文科正教授。1986 年，他获“国家级突出贡献专家”称号，当时获此称号的全国仅有 15 人。1986 年，余秋雨被任命为上海戏剧学院副院长、院长。20 世纪 80 年代后期，他开始写作《文化苦旅》等文化散文，后来，余秋雨反思自己不适合当院长，于是多次向上级领导提出辞职，辞职后以亲身历险考察国内外各大文明为人生主业。他所写的《山居笔记》、《霜冷长河》、《千年一叹》、《行者无疆》等，开启一代文风，长期位居全球华文书畅销排行榜前列，已被公认为目前全世界各华人社区中影响力最大的作家之一。从余秋雨的职业生涯成功的轨迹中不难看出，反思是找到自己职业定位的有效途径。

方法指导

（1）反思要及时　当我们步入职业生涯初期（23～28 岁），在从事多种职业且没有最终确定自己职业定位之前，要及时反思自己，反思自己是否选错了职业，反思自己应该从事什么职业等，反思愈及时，愈能够校正自己的职业定位，这有利于降低调整职业定位的时间和精力成本。

（2）反思要深刻　反思自己选对或选错了职业，贵在深刻，而不是蜻蜓点水，大而化之。反思自己选择和确定的职业目标是否适合自己，这是一项十分慎重的事情，对自己所确定的职业定位的反思愈深刻，愈能够对自己职业定位的决策起到积极的作用。

（3）反思有成果　反思自己职业定位不能为了反思而反思，要有成果，能有效指导职业定位的实践。因此，反思职业定位要同校正或重新选择职业的实践相

结合，为科学地定位自己所从事的职业奠定基础。

4 专注于做好一项工作

小李：“我在企业从事项目管理工作，涉及工程项目管理，如为自来水公司提供污水处理设备及安装。我们公司项目管理很乱，内容涉及开发客户、资金投入、人员配备、制订计划和施工管理等。目前，企业项目管理正在走向制度化、规范化、精细化，要求项目管理团队成员各负其责。企业项目管理各项工作我都做过，请问，我该如何做好项目管理工作呢？”

姚先桥：“项目管理是一个涉及众多领域的专业管理工作。在现代项目管理日益专业化、复杂化、团队化和精细化的趋势面前，任何一个人都不可能凭自身单独的力量把一个项目从立项到验收管理好。现代项目管理要依靠团队，通过团队成员的有效分工与合作达成项目管理的总体目标。你在日常项目管理过程中，要找到一项管理工作是你最有优势并在工作业绩上最出彩的，如项目计划管理、项目时间管理、项目人力资源管理等。如果你将这个问题弄清楚了，那么你就能专注做好该项项目管理工作。”

小李：“我明白你的意思，我会结合自己的工作能力、业绩等优势，专注于做好项目管理中的一项工作。”

理论阐述：人在职场要有自知之明，要清楚自己什么事情能做，什么事情不能做，什么事情能够做到卓越，什么事情不能做到优秀。专注于做好一项工作是职业生涯的一大智慧。在这方面不乏经典的案例：谭传华（谭木匠公司创始人）是一个专注于做好一项工作的企业家。他花了 10 多年的工夫，开发了 2 400 多个品种的梳子，把小小的梳子企业做成了上市公司。51 岁，他坐拥 4 亿身家，这可称之为谭传华人生的奇迹。“谭木匠”被评为“重庆市著名商标”、“中国公认名牌”、“中国驰名商标”。谭传华的成功经验很简单，就是一门心思专注于做梳子，将梳子做到全国第一，是专注于做好一项工作成就了谭传华。而很多职场人士，他们未能在职场上脱颖而出，一个重要因素是他们将自己的工作“战线”拉得过大、过长，超过了自身的知识储备、能力积累以及拥有的时间和精力等资源，导致“贪多嚼不烂”，其结果必然是难以成为职场上的专业人才。在一个以专业人才取胜的时代，我们应当以谭传华为榜样，专注于做好一项工作。

方法指导

（1）发现自己的优势　每个人都有自己独特的优势，如天赋、个性、知识、能力、经验等优势，如果发现自己在某个职业领域中具有某项工作的优势，这将极有利于个人职业生涯发展。谭传华发现自己有继承祖业做梳子的优势，于是成就了“谭木匠”。一个善于发现自己优势并与相关职业有机匹配的人，在职场上能取得事半功倍的效果。

（2）学会勇于放弃　在职业发展问题上，学会放弃是一种战略，更是一种智慧。每个人的职业生涯时间很短，不可能在很多职业领域“开花结果”，只有有所不为，才能有所成就。要勇于放弃那些自己没有天赋、能力平平，以及自己付出艰苦努力很难取得成就的职业。只有具有这种智慧的人，才能专注于做好一项工作。

（3）成为专业人才　当今社会是一个职业化、专业化人才取胜的社会，在职场上“万金油”式的人才时代已经过去，取而代之的是专业人才制胜的时代。唯有专业，才能卓越，在职场上专注于做好一项工作是手段，成为专业人才，取得超越常人的工作业绩及成就才是最终目的。

5 逐渐领悟职业角色

小徐：“我是一名应届大学生，所学的专业是服装设计。目前，我在武汉一家保险公司人力资源部从事员工招聘工作。工作三个月以来，我所做的招聘工作同部门领导对我的要求还有较大的距离，譬如，招来的业务员数量多，但质量不高，招聘的新员工流失率比较大。对此我很苦恼，请问我该如何解决这一问题？”

姚先桥：“你提出的问题很好，你现在刚参加工作，正处于职业生涯初期，在职业生涯初期有困惑、有苦恼是很正常的事情，有困惑、有苦恼说明你不安于现状，想追求职业生涯的发展。如何在职业生涯初期奠定职业发展的基石，我个人认为：一是要实现角色的转换。应届大学生一旦踏入职场，就要变校园人为企业人，只有实现角色的彻底转换，才能适应企业对自己工作能力和业绩的要求。二是要认同和躬行企业文化和行为规范。要想在职业领域获得发展，一定要认同和躬行企业文化和行为规范，使自己的所作所为符合企业价值观和行为规范，使自己有一种脱胎换骨的感受。三是对自己所从事的工作进行科学的职业定位。按照职业定位的要求，逐渐领悟职业角色。要想在职业生涯初期获得发展，就离不开上述这三个要素。”

小徐：“前两个要素比较好理解，如何理解和掌握逐渐领悟职业角色的内涵和真谛呢？”

姚先桥：“所谓职业角色，通俗来说，就是从事什么职业就展示什么样的角色。在职业生涯中，无论从事什么职业，都有一个逐渐领悟职业角色的问题，应届大学生尤其如此。”

理论阐述：职业角色源于社会的职业分工。在企业中，我们可以将职业划分为营销类、研发类、生产类和管理类。在某一类职业中又可以划分为若干小类，以管理为例，可以划为人力资源管理师和项目管理师等。不同的职业分工必然导致职业角色的特殊性和差异性。初入职场的大学生领悟职业角色，实质上就是要认识和掌握自己所从事职业的特殊性和同其他职业的差异性。只有领悟职业的角色，才能深知从事某项职业应具备的品德、知识、能力等素质和应承担的工作责任以及应完成的工作任务。在《西游记》这部小说中，唐僧率领孙悟空、猪八戒和沙和尚历经种种艰辛，成功取回真经，这同唐僧领悟自己所从事的职业角色是分不开的，他作为团队的领导者，始终坚定到西天取经的目标。因此，无论是初入职场的大学生还是工作多年的职场人士，都要领悟职业角色，扮演好职业角色。如果能做到这一点，那么就会为未来的职业生涯发展创造良好的条件。

方法指导

（1）通过观察同事逐渐领悟职业角色 唐太宗说过，以人为镜，可以正衣冠。在职场上，同事是我们领悟职业角色的一面镜子，通过仔细观察这面镜子，耳濡目染就会将同事良好的职业角色意识、形象定格在自己的大脑里，借助这个参照系，达到逐渐领悟职业角色的目的。譬如，一个产品研发人员不知道产品研发职业的角色该做什么工作、如何履行职责，那么，他可以通过观察优秀产品研发人员的工作行为，逐渐领悟产品研发职业的角色。

（2）在职业实践中逐渐领悟职业角色 加深对职业角色的领悟，除了去学习职业定位、职业行为规范等理论知识外，更重要的是要在职业实践中领悟。实践出真知，例如从事营销职业，需要良好的礼仪修养、较强的心理承受能力和专业知识沟通能力，这是从事营销职业的内在综合素质要求，只有在参与实际营销活动中，才能真正得到领悟。

（3）在自我反省中逐渐领悟职业角色　对职业角色的领悟，有一个不断认识、不断深化的过程。在这个过程中，自我反省就显得至关重要。在自我反省中逐渐领悟职业角色是指在从事某种职业活动中，通过检查工作中存在的不足或错误，对职业角色进行深刻认识。例如一个项目管理人员，只有反省在项目管理中存在的不足，才能深刻领悟项目管理职业角色的真谛。

6 初入职场要做好职业定位

小黄：“我学的是市场营销专业。2008 年 7 月毕业后，我到一家建材企业做销售，主要销售黏合剂产品。工作一年后，跳槽到一家书店从事大学教材的销售工作。之后，我到河北一家药业公司从事销售工作，职位做到区域经理。三个月后，我又应聘到一家生产电器的企业销售电器产品。我很热爱销售工作，也很想创业，但苦于条件不成熟，现在很迷茫，不知道该如何定位自己的职业发展方向。”

姚先桥：“我认为你确实到了需要做好职业定位的时候。每个人都有一个可以发挥才能的位置，问题的关键在于我们能否找到自己的位置，并做好同自己位置相吻合的工作。近四年时间，你做销售涉及的领域广泛，建材、教材、药品和电器产品的销售无所不能、无所不会，但什么也不精，而且还想创业。职业定位不清晰，是你在职场遭遇困境的一个重要原因。我建议你用两天时间对自己的职业价值观、职业兴趣和职业能力进行一个盘点，倾听发自肺腑的声音，审视自己究竟最喜欢从事什么职业。如果选择销售，也要看自己最适合做哪类产品的销售，使自己有一个清晰的职业定位，继而赢得未来职业生涯的发展。”

理论阐述：个人职业生涯发展及其成功，一个重要的因素就是做好自己的职业定位。职业定位是指依据个人职业价值观、职业倾向、专业知识、能力以及社会对产业、职业需求的状况，对职业进行科学的定位。个人从自己从事的职业角度，对自己的品德、知识、能力、经验等进行科学的分析，确定出一个准确的品德、知识、能力、经验的边界，使自己在恰当的位置做好同位置相吻合的工作，在特定的职业岗位发挥特定的才能及其作用。职业定位包括知识、能力、岗位、职责等定位。对许多职场成功人士的经验进行分析，可以归纳出一个规律，即职业定位步步对，则职业获得发展；职业定位步步错，则职业遭遇困境。职业定位用通俗的话来说就是“在什么山上唱什么歌”（在什么岗位上就做什么事情）。美国著名出版家和作家阿尔伯特·哈伯德说得好：“如果你能找准自己的位置，那么，你所从事的任何工作都是有价值的，同时意味着你的职业人生成功了一半。”职业定位在职业发展中的作用表现为如下三个方面：一是界定自己的作用。对自己从事的职业和职业发展方向作出科学、严格的界定。二是行为规范的作用。在职场上做自己的事，耕自己的“田”，收获自己的“庄稼”。三是发挥才能的作用。职业定位决定职场的地位，找到明确的职业定位，就能够充分发挥自己的长处，实现自己的价值。由此可见，做好职业定位在职业发展中的作用不可小视。

方法指导

（1）正确认识自己　能正确认识自己是人生的一大智慧，认识自己是做好职业定位的前提和基础。正确认识自己要把握三个问题：一是我从哪里来。我毕业于哪个大学？我学的是什么专业？二是我现在何处。我现在能做什么？我的工作业绩如何？三是我将到哪里去。我有怎样的人生梦想？我的职业发展目标在哪里？一个不能正确认识自己的人，是不可能做好职业定位的。

（2）深刻认识职业　要做好职业定位，离不开对职业的深刻认识，这包括对工作性质、内容、要求和环境的深刻了解，了解愈深、愈透彻，愈有利于精心选择职业。深刻认识职业的方法，除了同企业招聘主管交流之外，更要多与从事该职业的资深人士沟通，从他们那里获得的有关职业评价的信息往往更客观、更真实，更有职业选择的决策价值。

（3）坚守职业阵地　职场人士的职业定位确定之后，在相当长的一段时间就要去掉“朝三暮四”、“这山望着那山高”的职业攀比心态，要培养坚守职业阵地的定力，忠诚于自己所从事的职业。在一个行业里做出成就的人，往往不是那些聪明的人，而是那些有坚定职业目标、坚持做下去的人。

7　经营自己的长处

小张：“我大学毕业已经有5年了，一直在做销售工作，做过服装销售、快速消费品销售。前不久，我从一家企业辞职，现在不知道该选择从事什么职业？”

姚先桥："你做了5年销售工作，自然还是选择销售方面的相关职业。"

小张："在企业做销售，我做过多个销售岗位，如服装陈列、销售经理、市场督导、销售顾问等。虽然做过上述许多销售岗位，但我不知道该选择什么销售职业，你在这方面能否指导一下？"

姚先桥："你虽然有5年销售工作经验，但这5年的工作经验并没有什么含金量，其原因是你从事的销售岗位太多、太杂了，导致你在职场上缺乏竞争力。你要领悟什么都会做，等于什么都不会做的道理。"

小张："你认为怎样才能提高职场竞争力？"

姚先桥："提高职场竞争力的关键在于经营自己的长处，包括认识、发挥和坚守自己的长处。你现在之所以在职场上缺少竞争力，是因为你还没有认识、发挥和坚守住自己的长处，什么时候你的长处在职场上凸现了，并被领导、同事和客户认可了，那么你在职场上就有竞争力了。我们应该铭记这个理念。"

理论阐述：如何经营自己的长处，这是每个人必须严肃回答的重要问题，如果这个问题回答不清楚，极有可能贻误自己的一生，即因为没有找到自己的天赋、兴趣和才能所对应的专业工作，而度过职场平庸的一生。每个人注定都有自己的天赋、兴趣和才能所对应的专业工作，问题的关键在于能否找到它，并经营好它。在这方面不乏成功者的故事：王珞丹在电视剧《奋斗》里因出演米莱而出名。王珞丹高中毕业从内蒙古赤峰来到北京参加艺术生招生考试，她本来准备参加北京师范大学的艺术生考试，但灵机一动，心想："北京师范大学的艺术生对专业要求太高，我跳舞跳不过别人，弹琴也弹不过别人，说不定考电影学院更适合。"于是，王珞丹参加了号称"万人挤过独木桥"的表演学院入学考试。通过三次考试，她顺顺当当地被老师招进了表演系。王珞丹认识、发挥自己的长处，使她在演艺生涯取得今天的成就。中国国画大师齐白石27岁时还是一名木匠，之后他一门心思学国画，终于认识和发挥了自己的长处，从此走上成功之路。

方法指导

（1）认识自己的长处　人贵有自知之明，人最重要的自知之明是认识自己的长处，即认识自己的天赋、兴趣和才能最适合从事什么职业，这是发挥、锁定自己长处的基础。作为初入职场的大学生，认识自己长处的根本方法是不断尝试适合自己天赋、兴趣和才能的职业，最终达到认识自己长处的目的。王珞丹如果不选择电影学院入学考试，那她就很难认识自己的表演才能。

（2）发挥自己的长处　经营自己长处的核心是发挥自己的长处，即让自己的长处有英雄用武之地。如果你有营销的天赋，就应当多与顾客签订单；如果你有培训师的才能，就要让学员获得知识与智慧的启迪，如此等等。评价一个人经营自己长处的成果优秀的客观标准：让自己的才能得到淋漓尽致的发挥，为客户和企业创造价值。

（3）锁定自己的长处　经营自己的长处关键在于要锁定自己的长处。义无反顾、长期坚持在自己擅长的职业领域辛勤耕耘，就像齐白石那样，选择以画国画为业，就投入一生的时间和精力去从事。经营自己的长处最忌见异思迁，即随着自己职业兴趣的转移，频繁转换职业，使自己的长处沦为短处，最终使自己在职场缺乏竞争力。由此不难看出，锁定自己的长处在经营自己长处中的地位和价值。

8　唯有专业才能卓越

小郭：“我是工作两年的大学生，一直在企业人力资源部工作。人力资源部工作很杂，员工招聘、培训、绩效考核样样参与，最近我在反思，认为自己并没有什么专长，仿佛有一种从业的危机感，你觉得我该如何解决这一问题？”

姚先桥：“你在人力资源部要找到自己最擅长的一项工作，如招聘或培训等，唯有专业才能卓越。”

小郭：“为什么唯有专业才能卓越呢？多做几项专业工作，难道不能卓越吗？”

姚先桥：“著名数学大师、南开大学数学系教授陈省身从20多岁进入数学之门直到93岁去世，一直在数学这个专业领域耕耘，在数学的王国里构建了瑰丽的大厦。正如他自己所言，自己一生只会做一件事，就是数学。陈省身之所以成为一代数学家，这同他专注于一个专业的因素是分不开的。专注于一个专业的优势在于，能够将我们有限的知识、时间、精力等资源聚焦于一体，最大程度地发挥资源的价值，在专业领域获得较高的工作业绩。反之，如果我们工作的面铺得太广，因个人知识、时间、精力等资源有限，极有可能造成‘样样通、样样松’的后果，最终受到职场竞争的无情淘汰。”

理论阐述：职业定位离不开如何坚守专业工作，不少求职者或职场人士缺乏坚守专业工作的定力，两年换三个专业工作的案例绝非少见。究其根本原因是对自己的职业定位不清晰，不能专心致志从事一项专业工作，最终导致职业生涯一无所获。认同和躬行唯有专业才能卓越这个理念是职场人士高素质的一种重要体现。什么是专业，简单地说就是一个人在漫长的职业生涯里长期从事一个专业工作，并将专业工作及其业绩做到极致。唯有专业才能卓越，是有志于成为职场达人值得领悟的职业生涯智慧，唯有专业是基础，走向卓越才是结果。

方法指导

（1）在一个专业领域精耕细作　像陈省身那样在数学专业领域精耕细作，将自己所有的天赋、兴趣、知识、能力和智慧等资源聚焦在一个专业领域就能显示出专业特色；反之，在多个专业上齐头并进，“战线”拉得过长，充其量只能成为职场上的“万金油”。在专业分工愈来愈细的大背景下，企业需要的是专业人才。

（2）在一个专业领域长期坚守　像陈省身那样在专业领域长期坚守，是成为专业人才、专家的核心因素。没有在一个专业领域的长期坚守，就不可能成为专业人才，更不可能成为专家。

（3）在一个专业领域取得出类拔萃的工作业绩　在职场上要成为专业人才、专家，总是同他们取得出类拔萃的工作业绩紧密联系的。能否取得出类拔萃的工作业绩，是评价一个人是否是专业人才、专家的唯一标准，也是评价一个人能否走向卓越的标准。

9 职业定位贵在有恒

小郭：“在职业发展方向上，我很迷茫，请你为我诊断一下？”

姚先桥：“请讲述一下你的工作经历。”

小郭：“我学的专业是电子信息工程，2005 年大学毕业后在武汉一家电子元器件企业从事产品技术开发工作，2007 年跳槽至广东东莞的一家印刷企业从事物料管理工作。2009 年我辞职回到武汉，在武汉光谷一家光电企业生产车间做操作工；一年后，我又跳槽至武汉光谷的另一家企业从事电子元器件的检测工作。我提出的问题是：如何才能打造自己的职场竞争力？”

姚先桥：“职业定位贵在有恒。我对你的建议：一是不要随意跳槽，即便是要跳槽，最好从事与原企业岗位相一致的专业工作，这能保障工作经验积累的连续性。二是要注重知识的专业化，要在专业知识的深度上下工夫。你做过产品技术开发、物料管理、操作工、电子元器件检测四种职业，这四种职业在专业知识领域并没有什么内在联系，这是你在职场上没有竞争力的根本原因。建议你在选择职业时，注重同你以前的专业知识积累相吻合，在专业知识的深度上下工夫，并将专业知识转化为工作能力和工作业绩。如果你能做到这一点，相信你就有职场竞争力了。”

理论阐述：笔者非常尊崇职业定位贵在有恒的理念。我从事培训业 14 年来专心致志，一直在职业经理人管理素质培训领域辛勤耕耘，开发并讲授了诸如“职业经理人职业定位认知与训练”、“管理人员职业化行为与训练”、“经理人授权管理的技术及训练”、“提高领导者执行力的观念、方法及训练”等培训课程，其根本因素得益于我在职业经理人管理素质这一培训领域的长期坚守。由此可见，职业定位贵在有恒对于一个职场人士来说是至关重要的。中国古代有一个庖丁解牛的故事。庖丁解牛之所以能做到游刃有余，其根本原因在于他数十年如一日，始终做解牛这个职业。在职业定位问题上，无论是初入职场的应届大学毕业生，还是资深的职场人士，都要在“贵有恒”上下工夫。今年从事机械设计、明年做市场营销、后年改行做行政管理，这种“游走式”的职业定位是极不利于个人职业生涯发展的。这个观点应当引起初入职场的应届大学毕业生的高度重视。

方法指导

（1）甘于长期从事一种职业　知识专业化程度同我们所从事的专业工作时间长短呈正比例关系。即从事专业工作时间愈长，则知识的专业化程度愈高，反之亦然。我国著名小提琴制作大师朱明江制作小提琴的专业知识十分丰富，这源于他从事小提琴制作职业有 30 多年的经历。目前，不少职业人士知识专业化程度低，其根本原因在于他们从事的职业时间太短暂，常常是“打一枪换一个地方”。

（2）不断拓展专业知识的深度　拓展专业知识的深度是指掌握专业知识不是停留于表面，不能浅尝辄止，而是能够领悟专业知识之间的内在联系及其奥妙，并能做到融会贯通，能在工作实践中应用，如应用所学习、掌握的专业知识分析和解决本职工作中的问题等。不断拓展专业知识的深度，是实现职业生涯发展的重要因素。

（3）在一个专业知识领域成为专家　现代职场是一个专业知识取胜、专家取胜的时代，形成这个时代的根本原因一是学科愈分愈细，二是职业逐渐“细化”。在这个时代趋势面前，过去尊崇“万金油”式的人才评价标准已经落伍了。新的人才评价标准对职场人士的要求也愈来愈高，在目前和未来企业对从业者的要求是在一个专业知识领域要成为专家，而在职场想要成为一名专家，就必须具备知识专业化素质。

10 职业定位要着眼未来

小纪：“我是学企业管理专业的研究生，主要研究方向是市场营销。我正在求职，对此感到很困惑，企业招市场营销人员，要求研究生学历的并不多，大部分要求本科生或专科生，而且主要是做销售工作，我不知道该怎样定位未来的职业？”

姚先桥：“从事市场营销工作，要从做业务员开始，定位自己的职业要着眼于未来。市场营销的高端职业有市场营销策划、市场营销管理，市场营销的低端职业主要是业务员。你未来的职业定位，可以选择市场营销策划或市场营销管理，但你当下应从业务员做起，培养对市场及客户的分析意识和能力，以及市场营销策划能力，为未来从事市场营销策划工作奠定坚实的基础。”

理论阐述：美国人事专家康纳罗关于职业生涯成功有一条规划，即“事业竞争如同赛球，所处位置相当重要，虽然它不能决定成败的一切，但能决定成败的大部分”。职业定位对于个人职业生涯发展具有决定性的作用。科学的职业定位，将有利于引领未来职业生涯发展。科学的职业定位一定是着眼于未来个人职业发展的。职业定位贵在决胜未来。做好职业定位要克服短视症，那种只顾眼前就业需要，不考虑未来的职业定位，其结果必然断送未来的职业发展。2012 年 3 月，我曾指导过一名求职者，她读的是护理专业。大学毕业后，她未能将职业定位在护士上，而是随意在一家培训机构做销售。做了一年销售，业绩平平，她发现自己并不适合做销售，无奈之下被迫跳槽。我问她：“为什么选择做销售？”她说：“从事销售职业，门槛低，先满足生存需要再说，想不到，做销售并没有想象的那么容易。现在我不得不思考未来从事职业的定位问题。”《孙子兵法》云：“不谋全局者，不足以谋一隅，不谋万事者，不足以谋一时。”职业定位要着眼于未来，就是要从整个职业生涯发展的全局来审视职业定位，这样的职业定位才是最有价值的，而那种只顾一时对某种职业感兴趣的职业定位，只顾满足眼前就业需求的职业定位，都是不利于个人职业生涯发展的。

方法指导

（1）职业定位要有战略眼光　职业定位是一种关乎个人长期职业生涯的决策，因此，在确定职业定位上一定要有战略眼光，即着眼于未来长期职业发展，决胜未来，这是职业定位的真谛，那种只顾眼前利益的职业定位，可以满足当下一时或一年的职业发展，但绝不可能赢得未来长期职业发展的成功。

（2）摆脱注重眼前利益的困扰　人无远虑，必有近忧。有的职场人士在职业定位时缺乏战略眼光，一个重要原因是考虑眼前利益太多了、太重了。如有的应届大学毕业生为了获得一份工作，不惜放弃自己多年积累的专业，这种以牺牲长远职业发展利益为代价的求职行为，极不利于个人未来职业生涯发展。

（3）保持职业定位的稳定性　着眼于未来职业发展的职业定位确定以后，就要保持其稳定性，而不要随意更改甚至放弃。朝令夕改的职业定位，对职业发展的促进作用将是极为有限的。有的职场人士工作业绩比较平庸，其根本原因就是职业定位缺乏稳定性，他们总是在不断尝试新的职业，这将严重制约他们未来的职业生涯发展空间。

第四课

职场情商

——为职业生涯发展奠基

1 战胜浮躁情绪

小李："我是即将毕业的大学生，专业是室内设计。目前，在武汉一家知名的装饰公司实习，但我不想从事室内设计职业。"

姚先桥："是什么原因使你不想从事室内设计职业？"

小李："我在从事室内设计实习工作后才知道，要从事室内设计需要学习太多的知识，如家庭装饰美学知识、家装预算知识、施工流程与技术知识、与客户沟通知识等。要学习和掌握这么多知识，需要付出多少时间和心血啊！再者，我看到来公司五六年的员工，他们的薪酬待遇并不高，从事室内设计工作并没有什么前途可言，请问我能否选择另一个职业呢？"

姚先桥："室内设计是一个很有发展潜力的职业。随着人们住房条件的逐渐改善，必然会拉动家庭装饰业的发展，你守着金饭碗不端，想端什么饭碗呢？"

小李："这个问题我也考虑过，除了室内设计可以找到工作之外，好像选择其他专业岗位工作企业录用的概率并不大。请问，导致我这个问题的根本原因在哪里？

姚先桥："你求职的根本问题在于情绪浮躁，不能静下心来好好实习，企图尽快积累工作经验，企图能在职场找到一夜暴富的职业或一步登天的职业。坦率地说，这种浮躁情绪不能化解，你将永远处于焦虑之中，并对你的职业发展带来极大的负面影响。"

理论阐述：浮躁情绪用通俗的话来说，就是等不及、等不了的情绪。很多职场人士或多或少都存在浮躁情绪，浮躁情绪不仅是应届大学生求职的大敌，更是职场人士追求职业发展的大敌。我国台湾资深杂志出版人—— 城邦出版集团副董事长何飞鹏，循着正常的求学、工作路径，由一个默默无闻的小职员做起，到设立几十家公司，创办50多种杂志。他从员工到老板，从暗无天日的亏损到拨云见日，最终，在媒体领域获得了极大的成功，1997 年荣获金石堂年度出版风云人物。何飞鹏在其《自慢》一书中认为："任何人'慧'不如'痴'，慧易成事，但难成大局；痴似呆拙，但孜孜矻矻，一点一滴，最终能成就不凡的格局。"他还说："问题是社会上'痴'人太少，大多是聪明人（或者是自以为聪明），精于算计，心思复杂，以至于小算盘天天打，时时打，稍有困难就不敢，稍遇挫折就放弃，眼前无利就回头，长远大计无心想，结果是小成可似，大事难成。”追求职业发展是一场马拉松，不可能速战速决，需要有一种耐性，用何飞鹏的话来说，就是要少一点“慧”，多一点“痴”。在职场上，只有那些战胜浮躁情绪的人，才能创造超越常人的成就。

方法指导

（1）学会理性思考　浮躁情绪同人们的思维方式的关系十分密切，滋生浮躁情绪多与人们的感性思维有关，即用感觉、感知去评价客观事物。譬如，感觉学习知识难度大，而不加分析决定打退堂鼓。学会理性思考，要从分析和探索客观事物的规律出发，对客观事物进行评判，就会使我们的决策及行为趋向理性。

（2）修炼宁静心态　宁静的心态是一种宠辱不惊的心态，不以物喜，不以己悲，看待任何事物能从事物的客观规律出发，而不是从个人主观偏好、感觉出发。因此，要修炼宁静心态，应着眼于思维方式的改变与完善，评判任何事物能从事物的客观规律出发，是修炼宁静心态的一个重要因素。

（3）不要盲目攀比　浮躁情绪往往来自于自己与他人的盲目攀比，在同辈人中，当他人工作业绩比自己优秀、职务比自己高时，常常沉不住气，很难沉下心来做好自己的专业工作，这就是盲目攀比心理对职业发展的负面作用。战胜浮躁情绪，要学会自己同自己比，将自己的现在同过去比。这种良好的反省意识，不仅有利于职业生涯发展，更有利于克服浮躁情绪。

2　走出后悔情绪的阴霾

小张：“我毕业于华中科技大学同济医学院，专业是临床医学，在一家心脏病医院从事行政后勤工作（调解医患纠纷）一年后辞职了。”

姚先桥：“凭你毕业的高校和你学的专业，到一家医院从事医生职业应该没有问题吧？”

小张：“现在医院招聘医生的条件要求都很高。”

姚先桥：“尽管医院招聘医生的条件要求高，相信你能够满足其要求！”

小张：“我在大学毕业的前两年，一直沉迷于网络游戏，学的医学专业知识并不扎实，应聘医生这个职业没有自信。我十分后悔因玩网络游戏而浪费了宝贵的青春时光，每当我想起此事，心情十分郁闷和沮丧。”

姚先桥："不要生活在后悔情绪中，世间没有后悔药。不要在后悔情绪中忘记了把握你现在所拥有的宝贵光阴，努力学习和实践，争取在其他职业领域把握就业机会。你有医学专业知识和调解医患纠纷的工作经验，这是择业优势，建议你以处理医院医患纠纷为切入点，在民营医院中求职，专门从事医院医患纠纷的调解与办案工作，这是一个很好的选择。"

理论阐述：后悔是一种情绪，如何利用后悔情绪中的积极因素，克服其消极因素，是提高职场情商的一个重要途径。后悔情绪有其积极和消极的作用，其积极作用表现在：①反思自己，改变过去的思想观念和思维方式。②避免现在和未来重复过去的行为。后悔情绪的消极作用的主要表现：①后悔情绪能使人丧失前行的激情。受后悔情绪的影响，仿佛使人背了一个沉重的包袱，做任何事情都无精打采。②后悔情绪能给人带来郁闷的感受。每当想起不愉快的往事，令人缺乏自信和快乐。③后悔情绪能使人浪费宝贵的光阴。整天受后悔情绪的影响，会在不自觉中放弃当下需要做的重要事情，因而浪费宝贵的时间。在如何走出后悔情绪上，周广仁的故事值得分享。周广仁曾任中央音乐学院教授、钢琴系主任，她是中国第一位在国际比赛中获奖的钢琴家。一直以弹钢琴为生的周广仁在一次意外中断了两根手指，这对于她来说无疑是一个致命的打击。面对如此大的挫折，她没有一点后悔情绪。断指后，周广仁倾注全部心血在钢琴普及教育上，培育了无数有发展潜力的琴童，被誉为"中国钢琴教育的灵魂"。她在做客中央电视台《艺术人生》中说道："我这个人是比较现实、比较乐观的。我很少往后看，总是往前看。"良好的职场情商成就了周广仁的钢琴教育事业。

方法指导

（1）反思自己，避免重蹈覆辙　在学习和工作出现错误、失误的时候不要后悔，要反思，是什么原因导致自己在学习和工作中出现错误、失误，并找到避免重复过去错误、失误的方法，以指导自己不断完善学习和工作。职场上的聪明人不是不犯错误，而是不在同一工作领域犯第二次错误。

（2）面向未来，着眼于未来的职业发展　在职场上，过去工作出现错误、失误并不重要，重要的是在未来工作中谨防过去的错误、失误"死灰复燃"。面向未来，并着眼于未来职业发展，会使我们忘却过去工作中的错误、失误，克服后悔情绪的消极影响，从而真正摆脱后悔情绪的困扰。

（3）抓住当下，把握职场宝贵的发展机会 过分沉浸在后悔情绪中，会使一个人“活在过去”，忽视当下需要做好重要事情的心理。抓住当下，把握职业宝贵的发展时间和机会，如求职、就业、晋升和创造业绩等，是职场人士最重要的事情，不能有丝毫懈怠。只有远离后悔情绪，才能有效抓住当下，把握一个又一个职业发展机遇。

3 提高情绪的控制能力

小范：“我是一家医药零售企业的员工，在店面销售药品过程中，十分注重对客户的人文关怀，如我在向客户推荐药品时，会从客户的需要角度出发。但在与客户接触过程中，发现客户将药品暴利的指责常常发泄在我身上，对此我十分郁闷。我们并不经营暴利药品，对客户的无端指责，我很委屈，请问我应如何控制自己的情绪？”

姚先桥：“我十分欣赏你对客户人文关怀的理念，对客户的无端指责，你也不要太在意。因为你所在的公司销售的药品并没有暴利可言，你对客户的指责感到很委屈，我认为你要提高情绪控制能力，使自己的情绪始终处于一种健康状态，否则你整天的工作和生活会很郁闷。提高情绪能力有很多方法，如学会分析事情的本质、多阅读书籍、学会积极心理暗示等，建议你多应用这些方法。”

理论阐述：学习和掌握职场情商知识的目的之一，就是要提高情绪控制能力。情绪控制能力，就是对自己情绪的掌控，做自己情绪的主人。美国心理学研究者曾进行过一个试验，一群儿童依次走进一个空荡荡的房间，在房间最显著的位置为每个孩子放了一颗软糖。测试老师对每一个孩子说：“谁能坚持到老师回来时还没把这颗软糖吃掉的话，谁就可以得到另外一颗糖的奖励。但是，如果老师没回来你就将糖吃掉的话，那么就只能得到这一颗。”试验的结果发现，有些孩子缺乏控制能力，大人不在，又受不了糖的诱惑，就把糖吃掉了。另外一些孩子记住了老师的话，认为自己只要坚持一会儿，就可以得到两颗糖。于是，他们尽量克制自己，坚持不看那颗糖，一直等到老师回来。就这样，他们得到了奖励——第二颗糖。研究者把孩子分成两组：坚持下来得到两颗软糖的孩子和不能坚持下来只得到一颗软糖的孩子，并对他们进行了长期的跟踪调查。结果发现，孩子长大后，那些只得到一颗糖的孩子普遍没有得到两颗糖的孩子获得的成就大。这说明，凡是小时候缺乏情绪控制力的，无论他的智商如何高，其成功的几率都很小；及之，那些小时候便能控制自己情绪，尤其能够通过转移注意力来控制自己情绪的孩子，往往能够更好地把握自己的人生。上述这则情商测试案例虽然是针对儿童的，但对于青年、中年人来说仍有借鉴作用。在职场上，那些善于控制自己情绪的人，总是能够春风得意，如得到领导和同事的欣赏、信任和支持；而那些喜怒无常，缺乏情绪控制能力的人，在职场获得发展的机会要小得多。

方法指导

（1）学会分析事情的本质　有的人遇到不顺心的事情容易愤怒或忧伤，往往是源于对事情的本质缺乏分析。例如，上司针对自己工作错误提出的批评意见，经过分析该意见是客观的，出发点是善意的，是有利于帮助自己的，基于这种判断就应抱有闻过则喜的态度，而不是将愤怒、愤恨等情绪向对方发泄。由此可见，学会分析事情的本质，有利于提高情绪控制能力。

（2）多阅读书籍　书籍作为人类的精神食粮，不仅能滋养心灵，更能培养良好的职场情商。情商高的职场人，遇到事情常常能以理性面对，因而控制情绪的能力较强；而情商低的职场人，遇到事情往往以感性面对，因而控制情绪的能力较弱。两种情绪控制能力的差别，根源于知识的积累，因此，多阅读书籍，善于从书中领悟智慧，对于提高情绪控制能力是极有帮助的。

（3）学会积极的心理暗示　积极的心理暗示能引导人们提高情绪控制能力，如在办公桌前放置一个写有“制怒”字样的小牌子，经常浏览就能起到控制愤怒情绪的作用。学会积极的心理暗示，一是要选择适合调适自己不良情绪的最佳语言，二是要经常浏览心理暗示的语言。通过耳濡目染，影响并支配自己的思维方式和行为方式，增强情绪的控制能力。

4　善待工作压力

小朱：“最近，我们企业员工培训工作量增大了一倍，除此培训工作之外，我每天被无休止的报告、总结、数据分析搞懵了，现在看电脑都想吐，真不知道这种工作压力什么时候可以改变。我想咨询的问题是，如何化解工作压力？”

姚先桥：“在职场上，我们每个人都或多或少会感受到工作压力，如工作任务的压力、工作紧张的压力、工作责任的压力、职务晋升的压力、职场竞争的压力等。如何面对工作压力，是抱怨、逃避、被工作压力压垮，还是正视、接纳、视压力为动力，这无不考验着一个人职场情商的优劣。”

小朱：“你说我该如何化解工作压力？”

姚先桥：“你面临的工作压力我能理解，公司在管理方面有待改善，如增加培训部的新员工。建议你及时调整工作情绪，否则，工作起来很难快乐！当我们无法改变环境时，就先适应环境吧。我一直在修炼职场情商，对我来说，任何时候、任何工作都是好时候、好工作。工作压力大，是有效提高我们的工作能力和业绩的契机。”

理论阐述：善待工作压力是一种职场情商优秀的表现。善待工作压力诠释了一种坦然、乐观面对工作压力的内涵。坦然面对工作压力，在工作压力面前不抱怨，不怨天尤人；乐观面对工作压力，在工作压力面前始终抱以阳光的心态，视工作压力为工作动力。善待工作压力，取决于我们对工作压力的认知，如果视工作压力为沉重包袱，那么我们的工作能力、业绩就会停滞不前；倘若视工作压力为机会，那么我们的工作能力、业绩就会跃上一个新的台阶。美国报业大亨李邦琴有一个观点：能挑担子的人就是成功的。笔者在2005年8月，成功在承德人民中心医院为400多名医务人员讲授了“敬业精神及行为训练”培训课程。合作方——武汉九鼎医院管理顾问公司给予讲课的准备时间只有一天，笔者当时所承受的培训压力可想而知，但笔者最终战胜了这次讲课备课时间短、培训学员多、培训要求高的压力，使快速备课能力、培训应变能力得到了有效训练和提高。由此不难看出，工作压力绝非是一个烫手的山芋，而是培养、提高工作能力、业绩的宝贵契机。

方法指导

（1）对工作压力要有正确的认知　对工作压力要有正确的认知，是妥善对待工作压力的基础。工作压力是客观存在的，关键在于我们怎样正确看待它。当我们以乐观的心态面对工作压力时，工作压力就不是做好工作和实现职业发展的负面因素。对工作压力有正确的认知，就是坦然、乐观面对工作压力，将工作压力的消极因素转化为积极因素。有的人在工作压力面前表现得过于忧虑和恐惧，其根本原因是对工作压力缺乏正确的认知所致。

（2）不断提高工作能力　在通常情况下，工作压力同自身工作能力的强弱成

直接对应关系。工作能力强，所感受的工作压力就小；反之，工作能力弱，所感受的工作压力就大。譬如，任务压力、责任压力，对于工作能力强的职场人士，并不一定就构成工作压力，因为他们能够承担任务重、责任重的工作。据此，善待工作压力要在不断提高工作能力上下工夫。当一个人对所从事的工作游刃有余时，是体验不到工作压力的。

（3）学会调节、释放工作压力　有了工作压力要学会调节、释放，调节、释放是化解工作压力的有效方法。调节、释放工作压力的方法主要包括：①倾诉法。将工作压力带来的心理感受向亲朋好友倾诉，由此化解工作压力。②放松法。在承担较重的工作之余，看看电影、听听音乐等，有利于放松工作压力。③分解法。将工作压力根据类别进行逐项分解，逐项攻克，达到释放工作压力的目的。例如，可以将工作压力分为任务压力、时间压力、学习压力等类别，然后逐项攻克，化解工作压力。

5 低调做人

小李：“我是一位应届大学毕业生，对职场与职业发展的知识一无所知，有些企业倡导的企业文化是：先做人，后做事。你认为，我们大学生迈进职场后该如何做人？做一个什么样的人？”

姚先桥：“你这个问题问得很好，个人追求职业生涯发展一是做事，二是做人。做事是指将岗位工作做好，让领导和客户满意；做人是指为人处世的价值取向，如做一个有远大理想的人、有责任感的人等。在职场中，我认为要先学做人，然后再学做事，人若做不好，所做的事情自然也好不到哪里去。”

小李：“在做人方面，你有什么样的价值观？我们该如何做人？”

姚先桥：“每个人做人都有其背后的价值观。做人的价值观也可称为做人的理念。在做人方面，我主张低调做人，谦卑一点，谨慎一点，这样的做人风格将有利于个人职业生涯发展，而自负、狂妄地做人则会有损于个人职业生涯发展。低调做人，并不是指将自己的职业发展目标定得很低，而是在职场处理人际关系过程中，将自己放低一点，谦卑一点，这样有利于个人职业发展。”

理论阐述：什么是低调做人？低调做人是指在为人处世方面多谦卑、少张扬，多谨慎、少狂妄。低调做人，在职场中不仅能赢得良好的人脉资源，而且极有利于个人职业发展。赵忠祥曾说道：“我刚进电视台的时候还很稚嫩，但是凡是批评我，我都乖乖地听着，因为没有一个人不喜欢乖孩子。”赵忠祥在职业上的发展，同他一直躬行低调做人的理念是分不开的。赵忠祥在职场低调做人的经验值得我们学习。在为人处世方面，多一点谦卑，少一点自负、张扬，不仅有利于同他人建立和维系良好的人际关系，更有利于我们向他人学习，不断提高职场竞争力。

方法指导

（1）不要说大话、空话　躬行低调做人理念的人，是不会说大话、空话的，他们总是在为自己的职业梦想不断投入实际行动；而不会低调做人的人，则往往大话、空话连篇，因其不能兑现，因而失去领导和同事对他们的信任，他们的职业生涯发展也必将面临更大的障碍。

（2）虚心向同事学习　躬行低调做人理念的人往往能虚心向同事学习，这使他们能获得领导和同事的认可和支持。相反，那种不懂装懂，不能虚心向同事学习的职场人，其职业生涯是很难获得发展的。

（3）取得成绩后不要张扬　有的人在工作中取得成绩后，总是习惯于四处张扬，惟恐领导和同事不知道，这种行为并不符合低调做人的理念。躬行低调做人的理念，应当取得成绩后不张扬，工作有成绩让他人去评说，并埋头将现在的工作继续做好，这种行为才能真正称得上低调做人。

6　享受困难的恩赐

小李：“我是一个刚入职的新员工，从事销售职业。我感到从事这项职业很困难，请问有什么高招解决这一问题吗？”

姚先桥：“对于职场人士来说，无论是新员工还是老员工，工作中都会遇到这样或那样的困难。譬如，研发人员遇到开发新产品的困难，营销人员遭遇客户拒绝的困难，管理人员面对提高管理效益的困难等。在工作中遇到困难总是难免的，问题的关键在于我们以怎样的心态看待困难。在困难面前是抱怨、接纳还是享受困难的恩赐，这三种截然不同的心态，能折射出一个员工职场情商素质的优劣。”

小李：“你是如何对待困难的呢？”

姚先桥：“我是一个追求享受困难恩赐的人，对困难不抱怨、不拒绝，视困难为自己职业成长、发展的阶梯，这是我的一种人生理念。于是就有了一个个培训课程的开发，一个个客户的拜访、签约和讲课。回想自己每一次进步，总是同诸多困难较量的结果。我常想，一个人倘若在职场没有遇到任何困难，那么他的能力、智慧和业绩必定是平庸的，其职业生涯也必定是平庸甚至是失败的。对于这一点，我是深信不疑的。”

理论阐述：关于拥有享受困难恩赐的胸襟，我国台湾漫画家蔡志忠的故事值得研读。蔡志忠从 15 岁起便开始成为了职业漫画家。1963 年，离开家乡来到台北，开始连环漫画创作，他用简洁生动的线条描绘了一部部颇具影响的漫画书。蔡志忠还致力于研读中国古籍和佛书，创作出脍炙人口的《庄子说》、《老子说》等经典漫画，被翻译成二十几种语言，在不同的国度扮演着相同的功能——借由浅显易懂的解释、温润圆滑的线条，让读者分享他对生命演绎出的哲学，倾听漫画家画笔之中的心灵世界，让读者对他用线条演绎的哲理和幽默有更加深刻的体会。1985 年，蔡志忠获选为中国台湾十大杰出青年；1999 年，获荷兰克劳斯王子基金会奖。

蔡志忠在《宽窄都是路》一文中写道：“有一年我获得了杰出青年奖，香港《东方日报》的总编希望我写一篇文章。‘写什么呢？’我问。‘写崎岖的道路。’‘那是什么？’‘你的成功史。写你如何达到今日的成功之境。’‘我不能写。因为我的人生中没有崎岖的道路，对我而言，无论什么情况都是很好的。’如果我在崎岖的小径上，我就用崎岖小径的心去欣赏它；如果走在林荫大道上，我就从林荫大道的角度去欣赏它。我不认为林荫大道就优于崎岖小径，一旦真正了解生命的意义，事物就没有好坏之分。”蔡志忠将崎岖小路等同于林荫大道，这是他拥有一种甘于走崎岖小路的优秀职场情商的反映。

方法指导

（1）面对困难要坦然面对，不要回避　在工作和学习过程中，困难始终与我们相伴，面对也罢，回避也罢，它都是客观存在的，与其回避，不如坦然面对。消极回避能使困难在我们心中逐渐放大，而坦然面对能使困难在良好心态、积极思考的作用下逐渐变小，直至解决。

（2）面对困难要敢于担当，不要恐惧　与困难相遇时恰恰是在考验我们的信心和敢于担当的勇气，在困难面前丧失信心和勇气，说明考验不合格，反之则是合格的。面对困难，抱有恐惧情绪，并不能使困难有丝毫的解除，而在困难面前拥有敢于担当的勇气的人，自然就会找到解决困难的思路和方法。

（3）面对困难要享受恩赐，提高自己 《真心英雄》歌词中写道："不经历风雨，怎么能见彩虹。"如果将困难比喻为风雨，将成功比喻为彩虹，那么拥有享受困难恩赐心态的人，就是不断走向成功的人。在职场上，既想领略彩虹，又惧怕见风雨，这种"美差"几乎是不存在的，即便有，也不一定是一件好事。

7 学会欣赏他人

小周："我在事业单位工作，两年来，我感到人际关系很难处理。"

姚先桥："是什么原因呢？难道你自己没有任何问题吗？"

小周："我有一个习惯，看谁都不顺眼。你有什么办法能解决我的问题吗？"

姚先桥："看谁都不顺眼，这可不是一个好习惯。《人物汇报》第 10 期有篇文章《明星搓麻众生相》写道，据我国台湾电影演员刘雪华的老公讲：'刘雪华几乎不出家门，在家也几乎不做家务，她不会用洗衣机，手机只会拨号或接听，不会发短信，我们家的烤箱买了 6 年还是新的。'然而，样样都嫌麻烦的刘雪华，却从不觉得打麻将是件麻烦事。她老公说：'除了拍戏，她也就这一专长了。'读了这则小故事，我很感动。刘雪华的先生欣赏她的优点达到了超越常人的境界，这就是关注刘雪华的专长，而将她的短处看得很轻、很淡。我经常聆听海天朗诵碑林路人撰写的散文《学会欣赏》。该散文的主题启示我们，要学会欣赏他人。作者在这篇散文中写道：'我们生活在一个五彩斑斓的世界，在这个世界里不光有着美丽的风景，同样也有着不同个性、不同气质、不同人格魅力的人。在漫漫人生途中，你会相识相遇很多人，不同的人身上有着不同的品质及魅力，欣赏、喜欢与爱，便成为我们最难把握的尺度。'聆听这篇散文，能够帮助我们领悟学会欣赏他人的价值。我建议你学会欣赏他人。"

理论阐述：人在职场总会与方方面面的同事打交道，既要接受要求苛刻的上司的指导，也要同自己性格截然不同的同级共事；既要同与自己有不同专长的同事合作，又要同与自己持有不同价值观的下属相处，如此等等。面对如此之多同我们有这样或那样差异的同事共事、合作和相处，没有一双欣赏他人的慧眼，没有一颗包容他人不足的胸怀是不行的。在职场建立和谐的人际关系，使自己拥有一个好人缘，是提高职场情商修养的一个重要目标。得道多助，失道寡助。一个

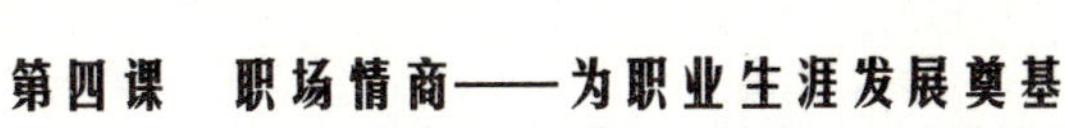

在职场上得不到多助的人，其职业生涯发展的高度将是十分有限的。在职业上要得“道”，其中一个重要的“道”就是学会欣赏他人。一个善于欣赏他人的人，能获得良好的人脉。每个人都有被欣赏的心理需求，当我们欣赏同事的时候，无论是其着装、气质，还是其能力和业绩等，他们都会对我们有好感，从而增进彼此间的了解、认同和信任，获得良好的人脉；一个善于欣赏他人的人，能获得他人的赞美。在职场人际间的欣赏与赞美都是相互的，当我们乐于寻觅他人长处并欣赏的时候，他人也会挖掘我们身上的闪光点并加以赞美，我们在被他人欣赏与赞美中也收获了自信。

方法指导

（1）乐于欣赏他人的长处　每个人都有其独特的长处或闪光点，这是欣赏他人的根本因素。有的职场人士总爱盯着别人的缺点或工作失误不放，并在同事面前津津乐道，这是不会欣赏他人的典型表现。只要我们有一双慧眼，是不难发现他人值得欣赏的长处的。

（2）善于真诚地赞美他人　欣赏他人不要埋藏在心里，而要善于真诚地表达出来，即用语言将赞美他人的话表达出来，并让他人真实地感受到，只有这样才能达到真诚欣赏他人的目的。因此，在欣赏他人时，用语言真诚地赞美他人是必不可缺少的因素。

（3）在欣赏中向他人学习　欣赏与赞美他人，并不是单纯为了获得他人的好感，以及与他人建立良好的人际关系。欣赏与赞美他人，要同向他人学习结合起来，将别人的闪光点“复制”在自己的长处上，使自己的工作能力和业绩更优秀，这才是最有价值的。

8 学会处理与上司的关系

小王：“我是一个学校的教师，我把全部精力用于教学上，很少与上司沟通，同上司的关系一般。而我的一位同事，她的工作能力比我逊色一些，但她同上司的关系很和谐，善于同领导沟通，并善于站在领导者的角度去思考、解决问题。我从直觉中已经感觉到，她未来的职业发展空间要比我高，对此，我不理解，难道我将全部精力用于教学错了吗？”

姚先桥："你将全部精力用于教学上，就这一点来说并没有错，在职场上，我们要善于处理好提高工作能力、业绩与上司的关系。我们要认同这样一个理念，即提高工作能力、业绩与处理好上司的关系并不矛盾，它们是一种相辅相成、相互促进的关系。譬如，你在工作中服从领导的管理，工作遇到问题及时向上司请教，工作取得了阶段性成果及时向领导汇报等，这些都是处理与上司关系的具体内容和有益举措，而处理好同上司的关系，恰恰是有利于提高工作能力和业绩的。诸如，工作中有问题及时请教上司，不仅能有效地避免工作出现错误，更能够在上司面前展现谦虚好学的良好职业素质。因此，作为员工，与上司建立和谐的关系，同提高工作能力、业绩并不矛盾。"

理论阐述：职业生涯发展，同学会处理与上司的关系十分密切。与上司处理好关系，会在工作中得到更多的助力，而不是阻力，成功这条路既靠自己，又靠他人，这里所指的他人更多的是上司。能够得到上司的认可与信任，是实现职业生涯发展的核心因素。在现实职场中，有的职场人士将做工作同处理好上司的关系截然分开，甚至持对立的观点和行为，这是错误的。例如，有的专业技术人员在产品开发领域是一把好手，但不善于服从领导，不善于倾听领导的意见、建议，同上司的关系弄得很僵，其结果自然是很难赢得上司的信任和帮助。一个员工如果失去上司的信任和帮助，其职业生涯发展就会受到极大的阻碍。因此，学会处理好与上司的关系，无疑是职场情商的一种智慧，值得职场人士铭记。

方法指导

（1）多与上司沟通　学会处理与上司的关系，离不开与上司沟通。员工同上司沟通愈融洽，则表明两者的关系愈和谐。下属尤其要和上司就工作问题进行沟通，在逐渐熟悉他的工作方式之后，就能慢慢知道上司对自己的期许，从而更好地配合上司的工作。在职场上，那些同上司保持良好沟通的员工，同上司的关系是和谐的，这种和谐的上下级关系极有利于员工职业生涯发展。

（2）帮助上司成功　一个善于处理自己与上司关系的人，要有一种乐于帮助上司成功的心态和胸襟。在职场上，那些敢于承担工作责任的下属，善于为上司工作分忧的下属，都是具有乐于帮助上司成功的心态和胸襟的人，具有这种良好职场情商的职场人士，其职业生涯将会步入快速发展轨道，因为一个成功的上司

一定会培养和提携曾经帮助过自己成功的下属。

（3）不要同上司较劲　在职场上，我们不难发现有的下属同上司较劲的现象。譬如，当领导批评下属时，下属不服气；当上司指派工作时，下属不乐意服从；当部门开会研究工作问题时，下属在公开场合反对上司的观点等。上述行为都属于员工同上司较劲的行为。一个同上司较劲的下属，很难处理好同上司的关系。因此，不要同上司较劲，是学会处理同上司关系的一个重要方法。

9 帮助上司成功

小朱："我在一家外贸公司从事机电设备进出口工作，担任项目经理职务，以前在一家外企工作，受过规范的管理训练。目前，公司管理很混乱，部门职责不清，同上级沟通困难，管理效率低，这家公司我实在干不下去了。请问我现在可以跳槽吗？"

姚先桥："从与你的谈话中，我发现你对公司的管理状况很关心、很忧虑，作为部门经理，你是否意识到自己对公司现有不良管理状况负有一定的责任呢？如果你在解决企业管理问题方面有自己独特的建议，且有解决问题的方法或方案，就应及时与领导沟通，以帮助上司及时解决企业管理问题，不知你是否做到了这一点？"

小朱："这一点我还没有考虑过，既然选择跳槽，我就不会再关心企业管理问题了，更不会向上司提出解决管理问题的建议或方案。"

姚先桥："企业每个部门经理乃至员工在工作中都会遇到很多问题，如管理问题、上司的管理素质不高和企业管理不规范问题等。你在这个企业遇到了，跳槽到另外一家企业同样也会遇到，问题的关键在于我们如何面对这些问题，如何解决这些问题。作为部门经理、企业的骨干、上司的助手，不能看到企业存在问题就扔下不管，就跳槽当逃兵。如果有这种心态和行为，我认为是不可取的。正确的理念是帮助上司成功，帮助企业发展。如果出现困扰企业发展的管理问题，正是部门经理显示自己才能的时候，你通过向上司建言献策，提出自己解决管理问题系统化的解决方案，甚至帮助上司最终解决管理问题，这是值得赞美的行为。我对你的职业发展的建议是，不要轻易跳槽，最好是在目前企业继续工作，发挥你的管理才能，帮助上司成功，上司成功了，你就成功了。"

理论阐述：帮助上司成功，是企业员工，尤其是部门经理应铭记和躬行的价值观，帮助上司成功，不仅是一种谋略、智慧，更是一种胸襟。然而令人遗憾的是，在职场上只有极少数人能够认同这个价值观，至于能够躬行这个价值观的人就更少了。企业乃至部门工作出现了问题，其责任既同上司有关，也同下属有关，无论是生产问题还是营销问题，部门经理都应以积极的心态解决问题，这是一个部门经理，尤其是职业经理人应有的职业行为规范。这也是他们同企业同甘共、共命运的具体表现。沧海横流，方显英雄本色。部门经理在企业的价值，往往体现在企业出现问题之际甚至企业出现危机之时，此时如果选择跳槽，当逃兵，那么具有这种素质的管理者永远不可能成为优秀的管理者，其职业生涯的发展也是极有限的。在企业研发、生产和市场营销管理过程中，作为部门经理的上级领导，如公司副总经理和总经理，他们往往比自己承担的管理责任更重、更大，需要解决的问题更复杂。因此，作为下属的部门经理，不仅要做好自己的本职工作，更要主动协助上司，帮助上司成功，如果上司成功了，就能为自己成功创造良好的外部环境和条件，最终实现与上司、企业同步发展。

方法指导

（1）要建立乐于帮助上司成功的心态　个人职业生涯的成功，取决于自己的心胸，心胸愈大，其发展的空间就愈高。乐于帮助上司成功的心态，是心胸开阔的体现。如果我们发现上司在管理能力上存在某一方面的不足，然后去帮助他，如提出改进意见、建议等，这不仅有利于上级成功，更有利于自己成功。

（2）要多看上司的长处　上司之所以成为上司，总有上司的长处所在。每个人，包括上司都会有这样或那样的不足，如果下级能通过自己的专业知识和能力有效辅佐上司，使上司的长处发扬光大，其缺点逐渐改善，这是非常有价值的事情。

（3）借助良好的方法帮助上司成功　帮助上司成功的方法有很多，如对领导提出合理化的建议、及时指出上司工作中存在的缺点、对改进领导工作提出方案等。上述方法只要应用得当，相信能够帮助上司成功，倘若上司成功了，那么自己离职业生涯成功的目标也就不远了。

10　善于向领导建言献策

小王："我是 2008 年毕业的大学生，从事销售工作已有一年。我销售的是培训产品，为建筑施工企业的管理者提供建造师、监理师职业资格培训。我现在已经辞职了。"

姚先桥："你为什么辞职？你想咨询的问题是什么？"

小王："辞职的主要原因是我的营销方案得不到领导的认同。公司在拓展郑州市场后的一段时间，我向领导建言拓展郑州周边市场，如开封、洛阳等城市，扩大市场占有率。随后我写了一个营销方案，谁知领导看后并未采纳，因为他坚持把郑州市场做好。对此，我十分生气，还同领导争吵了一次，我说他没有战略眼光，一气之下，我就辞职了。我要咨询的问题是，我向领导提出的营销方案是否存在问题？如果存在问题，今后我该如何处理这一问题？"

姚先桥："我非常欣赏你向领导建言献策的精神。企业员工对企业某一方面工作进行调研，然后提交方案，向领导建言献策，这种行为值得鼓励。但你与领导沟通的态度与方法并不可取，你同上司发生争吵就更不可取了。你说上司没有战略眼光，这激化了你与领导的矛盾，你向领导建言献策这种良好行为并没有得到好的结果，这是所有人不愿看到的事实。你存在的问题是，在领导是否采纳你的营销方案面前不冷静，不能站在领导者的角度来审视自己营销方案的优点与不足，你要知道自己认为好的方案不一定是领导认可并能立即采纳和实施的方案。建议你加强职场情商修炼，如果你的职场情商修炼好了，今后面临的类似问题就会迎刃而解。"

理论阐述：在职场上，无论是职业经理人还是普通员工，都有一个如何向领导者建言献策的问题。善于向领导建言献策，不仅有利于帮助上司解决部门或企业的重要问题，而且有利于上司发现和赏识自己的才能；倘若不善于向领导建言献策，如当众对领导的工作提出批评意见，向领导所提出的方案缺乏科学性、系统性和可操作性，就会出现两败俱伤的结果：一是领导不采纳下属的方案，二是由于不注重建言献策的场合，导致上下级之间关系产生摩擦与矛盾。因此，如何向领导建言献策有一个方法和技巧的问题，作为职场人士，在向领导建言献策时应当掌握科学的方法和技巧，通过向领导建言献策，达到既有利于帮助上司解决企业问题，又能够有利于上司发现和赏识自己才能的目的，实现上下级之间合作共赢的局面。

方法指导

（1）精心制订方案　下属向上司建言献策，既要大胆，更要慎重。向上司建言献策，要精心制订方案，不要草率从之。呈献给领导的方案，一定是自己深思熟虑且令自己满意的。至于上司能否采纳，相信领导能够慧眼识珠。

（2）讲究场景语言　向上司建言献策，要讲究场景语言。一般来说，下级不宜在公开场合向上司建言献策，在众多员工面前对领导工作提出批评意见和建议，会有损上司的面子，而且不利于上司接纳批评意见和建议。下属向上司建言献策，最好选择个别交流或在专门工作会议上反映。

（3）善待建言结果　下属向上司建言献策的行为无疑是值得赞赏的，上司能否采纳下属的建议或方案，是上司的事情，上司会站在企业发展全局的高度，审视下属所提出建议或方案的科学性、系统性和可操作性，如果领导最终未能采纳下属提出的建议，下属也要理解上司。

11　善于结交好同事

小张：“我是一名大学生，目前在一家企业从事营销工作有半年时间了，我是一个很想进步的青年，但现实的同事关系让我在职场上很难进步和发展。”

姚先桥：“你在职场上遇到什么问题了？是什么因素制约了你现在的职业发展？”

小张：“我是一个喜欢交朋友的人，很讲义气，下班后有的同事经常拉我去打麻将、喝酒。为了面子，我不得不同流，但时间一长，我才发现我掉进了麻将和喝酒的同事圈里难以自拔，追求职业发展的信念也逐渐丧失了。我知道，这同我结交的同事素质不高有密切的关系。我想咨询的问题是，在职场上如何结交好同事？”

姚先桥：“你提出的这个问题太重要了。任何一个人在职场上都不是孤立的，总是要同许多人接触、沟通，一旦接触、沟通多了，就会成为密切的同事关系。对于职场人士来说，结交同事一定要有取舍。中国有一句话：‘近朱者赤，近墨者黑。’在职场上一定要结识、结交品行和才能优秀的同事，时间长了，你受他们的影响，也会成为一个优秀的人，千万不要与品行、才能不好的同事密切交往，谨防他们把你‘拖下水’”。

小张：“我该怎样才能结交品行与才能优秀的同事呢？”

姚先挢：“先要逐渐从‘麻友’、‘酒友’圈子中走出来，勇敢地将他们放弃，然后有意识地接近品行和才能优秀者，并乐于向他们学习。时间长了就会发现，你逐渐会成为他们中的一员。请相信并铭记我所说的这一句话。”

理论阐述：要想成为什么样的人，你就得跟什么样的人在一起，要想成为职场的优秀者，就要与优秀者为伍。因此，善于结交职场中的优秀者无疑是职业生涯的一大智慧。物以类聚，人以群分。一个人在职场上结交什么样的同事，不仅能直接反映他的为人，而且还能反映出他在职业生涯发展的程度。孔子在《论语》中提出：“益者三友，损者三友。友直、友谅、友多闻，益矣；友便辟、友善柔、友便妄，损矣。”孔子认为，对于我们有帮助的朋友是那些正直的朋友、诚实的朋友和广见博识的朋友，而不利于我们成长、进步的则是那些喜欢谄媚逢迎、巧言令色和夸夸其谈的朋友。交益友，时间长了会驱使我们见贤思齐；交损友，时间长了会引诱我们与损友为伍，难以自拔。因此，职场人士在结交同事的时候一定要多长一个心眼，要对其品行和才能多加甄别，然后择其善者而交之，择其恶者而弃之。若能做到这一点，其职业生涯获得发展并不是一件难事。

方法指导

（1）树立正确交友观　在职场上要结交优秀的同事，要树立正确的交友观，即要知道什么是好同事，什么是坏同事，以此作为结交同事的准则。结交好同事，远离坏同事，为自己职业生涯发展创造良好的人际关系环境。

（2）潜心向好同事学习　孔子说：“三人行，必有我师焉。”在职场上见贤思齐，就要向好同事学习，好同事身上的敬业精神、责任意识、专业能力和工作效率等值得我们学习。潜心向好同事学习并养成习惯，有利于提高自身工作能力和业绩。

（3）与好同事结伴而行　在职业上结交好同事，就是要与好同事结伴而行，与好同事一起共事，在工作与学习中一起成长进步，成为职场上的好伙伴，相互学习和激励，这有助于共同创造职业生涯发展的美好未来。

12 调整工作心态

小黄：“我是一个已经工作两年了的大学生，专业是国际经济与贸易。由于受全球金融危机的影响，外贸企业普遍不景气，我不得不转行从事同所学专业不相关的工作。我一直在企业做文员，在人力资源部、营销部工作过。我感到做文员没有什么出息，在职场上没有什么竞争优势，企业若要裁员，文员是首当其冲的。前不久，我们大学同学聚会，看到昔日的大学同学有的已成为企业部门经理，令我羡慕不已。对此，我心里很不平衡，工作失去了以往的激情。请问我该如何解决这一问题？我应如何规划职业生涯？”

姚先桥：“我很理解你现在的就业状况，但我不认同你的工作心态。你认为做文员没有什么出息，对自己所从事的工作抱有如此悲观的态度，会制约未来职业发展的空间。做文员同没有出息不能画等号，如果你把文员做得很专业，就会拓展职业发展空间。譬如，你将企业培训部文员做得很专业，对企业员工培训组织与管理知识很精通，而且还善于应用，通过培训使企业员工素质得到提高，那么你以后晋升为培训部经理是一件很自然的事情，问题的关键在于你是否拥有自己的职业生涯发展目标。如果你有职业生涯发展目标，即便是做文员，也会做得很出色。你现在的问题是要调整工作心态，等心态调整好了，再来规划自己的职业生涯。”

理论阐述：工作心态是指人们对待工作的一种态度或情绪，如对工作热情、专注，对工作冷漠、厌倦等。前者可称为良好的工作心态，后者则是不良的工作心态。具有良好的工作心态，是职业生涯获得发展的前提条件，这是因为工作心态决定了我们职业生涯发展的状态。职业生涯发展的状态，往往同人们在职业发展中承受工作的艰难困苦程度成正比，也就是说，职业生涯愈得到发展，你所承受的艰难困苦就愈多。通常，人们在什么条件下可以承受工作中的艰难困苦呢？显然，这就有一个工作的心态问题。工作心态好的人，对待工作不仅抱有积极、乐观的态度，更能够坦然面对并能战胜工作中的艰难困苦。工作心态属于职场情商，它能够反映一个人的情感智慧。无论是对于初涉职场的大学生还是具有多年工作经验的职场人士，都应当培养良好的工作心态，当工作情绪受到影响和伤害的时候，要善于调整工作心态，变消极为积极，变悲观为乐观。当我们以良好的心态投入工作时，我们的职业生涯就能创造奇迹，就能战胜工作中的任何艰难困苦，并取得骄人的业绩。

方法指导

（1）正确看待职业　目前，社会职业类别达 1 800 多种，职业本身没有高低

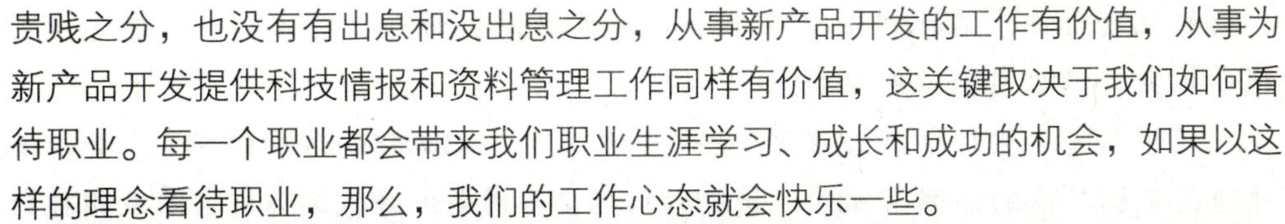

贵贱之分，也没有有出息和没出息之分，从事新产品开发的工作有价值，从事为新产品开发提供科技情报和资料管理工作同样有价值，这关键取决于我们如何看待职业。每一个职业都会带来我们职业生涯学习、成长和成功的机会，如果以这样的理念看待职业，那么，我们的工作心态就会快乐一些。

（2）善于调节工作心态　每一个人在工作中都会遇到不开心的事情，如工作中出现问题、面临的困难等，当工作出现问题或困难时，就要善于调整工作心态。如何调整工作心态，一是要坦然接纳工作中存在的问题或困难，要视工作问题或困难为自己成长发展的机遇；二是要排解不良的工作情绪，可以通过与好友沟通和反省自己工作行为等方式进行排解，这是调整工作心态的一个有效方法。

（3）培养阳光工作心态　阳光工作心态是一种乐观向上的情绪，当求职或工作出现问题、困难时，既能够坦然面对，又能够积极思考，寻找解决问题的方法，使自己逐渐走出困境。与阳光工作心态对应的是悲观工作心态，具有这种工作心态的人，面对工作中出现的问题或困难总是抱怨，而抱怨起不到任何作用。因此，培养阳光工作心态更有利于职业生涯发展。

13 扩大职场交际圈

小余：“我是一名中学英语教师，工作已有两年了。最近一段时间，我一直很郁闷，主要表现为教书、回家两点一线，天天如此，感到工作很单调，没有激情，英语水平也没有得到提高，我不知道该如何解决这一问题？”

姚先桥：“我很理解你现在心理郁闷的状况。在职场上，每个人在心理上都或多或少存在郁闷的状况，问题的关键不在于郁闷，而在于如何解决郁闷。我认为你应当勇敢地走出去，扩大职场交际圈，这样有利于打破近乎僵化的工作、生活方式，重新点燃工作的激情，并提高英语教学水平。我的具体建议：一是多结识英语教师。结识英语教师可以拓展英语教学的视野，每一个英语教师都是一道独特的风景，同他们交往和沟通能够了解并学习到他们独特的教学思路、方法和技巧，这对于提高自身素质是有帮助的。二是多结识外贸、外事领域的英语专业人士，通过参加有关机构组织的英语沙龙等方式，结识外贸、外事领域的专业英语人士，主动和他们交朋友，这对于扩大自己的知识面，提高英语教学水平，将有较大的帮助作用。为了实现自己的职业生涯目标，不仅要积累工作经验，更要积累人脉资源。而积累人脉资源的一个重要方法，就是扩大职场交际圈，在职场上只有不断认识那些能够帮助自己的人，才能建立有利于职业生涯发展的人脉资源库。”

理论阐述：要想职业生涯获得发展，除了在本职工作领域尽职尽责之外，善于通过本职工作的外部条件，诸如扩大职场交际圈等，寻找工作能力、业绩提升的契机，是获得职业生涯发展的一个有益思路。作家刘墉大学刚毕业时，一家电视台请他主持一个节目，那节目的导播看他文笔不错，请他做了编剧，后来他的才能受到总经理的赏识，刘墉成了新闻主播。良好的职场交际圈，为刘墉的职业发展提供了良好的条件。如果一个人的职业发展总是着眼于本职工作，其职业发展的空间将是有限的，而扩大职场交际圈，通过结识同行业专业人士，并同他们作深度交流与沟通，不仅能拓宽自己的知识面，还会寻找到自己学习的标杆人物，见贤思齐，激励自己在职业领域获得更大的发展。因此，职场人士要敢于和善于走出去，拓展自己的职场交际圈，并在交流和沟通中同专业人士建立良好的人际关系，这是拓展自己职业生涯发展空间的一个重要策略。

方法指导

（1）要增强扩大职场交际圈的意识　人的意识决定了人的行为，要拓展职场人际交际圈，就必须增强扩大职业交际圈的意识。在职场上，有的人的交际圈太窄，其原因在于缺乏扩大交际圈的意识，不愿意、不乐意同他人交往，这种意识极不利于建立人脉资源库。

（2）积极拓展同专业人士交际的途径　扩大职场交际圈，并非主张盲目地增加人际交往的数量，而是注重人际交往的质量。结交专业人士，是提高人际交往质量的重要方法。拜访同行专业人士、参加学术交流会、参加专业人士联谊会等，都是拓展同专业人士交际圈的有效途径，通过这些途径就能够结识诸多职场专业人士，形成相互学习、交流的良好氛围，这对于提高职场人际交际圈的质量，以及促进职业生涯发展有非常重要的作用。

（3）维护人际关系网络　扩大职场交际圈，使自己有更多的人脉资源，一个重要因素是维护人际关系网络。维护人际关系网络是一门艺术，其具体方法包括：①建立信任关系。对他人诚信是维护人际关系网络的重要因素，在人际交往中履行承诺显得至关重要。②定期保持沟通。通过一个电话、一个邮件交流信息，维护人际关系网络。

14 对求职要有信心

小周："我是一位大学生，学的是会计专业，今年7月就要毕业了，我现在到人才市场应聘很惶恐，不知道该选择什么职业。会计专业的大学生很难找到工作，因为该专业毕业的大学生呈供大于求的状态。面对严峻的就业形势，我不知道该如何选择职业，我喜爱会计工作，但要找到专业对口的工作很难，原因是企业招聘要有工作经验的，而我连实习的经历都没有。请问，我能否从事会计职业工作？"

姚先桥："我理解你现在求职的惶恐心理，对未来职业发展缺乏方向感，你喜欢会计工作，这很好，这为你将来的职业发展注入了极大的活力。面对目前就业形势的压力以及许多会计专业的大学毕业生纷纷另谋高就的现象，你以他们为榜样进行效仿，今后从事同自己所学专业不相关的工作，这种舍近求远的择业观念存在很大的误区。其误区在于你对自己未来想从事会计工作不自信，盲目效仿其他求职者的行为。试想，如果你不从事会计工作，从事任何一项工作都将会面临缺乏专业知识的严重问题，都将付出极高的求职成本。你现在应该到一家企业去实习，积累会计工作经验，有了工作经验，就能赢得企业招聘主管的青睐，同时，你也要增强求职的信心。大学生在选择职业时，不仅要有独立的思考能力，而且要有求职的自信心。"

理论阐述：求职要有信心，这是求职成功的条件。求职的信心，不仅是求职者情绪的反映，更是求职者知识、能力积累的反映。求职者是否有信心，已经成为企业面试考官判断求职者能否被录取的一个重要依据。

方法指导

（1）坚定成功信念　在求职过程中，应始终坚定求职成功的信念。坚定成功信念能给予求职者积极的心理暗示，使自己求职充满自信、乐观的情绪，并善于将这种积极的情绪，通过眼神和微笑等形式传导至企业招聘主管或面试主考官面前，以提高求职应聘的成功率。一个对自己不自信的求职者，很难赢得企业面试主考官的青睐。

（2）勇敢地相信自己　有的应届大学生求职遭遇困境，一个重要的原因是他们不能勇敢地相信自己。如有个大学生在实习阶段对汽车销售表现出较强的能力和天赋，但她去人才市场求职时却惧怕应聘汽车销售岗位，这是不敢相信自己的一个典型事例，其教训值得求职者借鉴。勇敢地相信自己，相信自己所掌握的知识，相信自己拥有适应工作的能力等，是每一个求职者应具备的职场情商。

（3）提高就业能力　求职者要有信心，而信心是建立在提高就业能力基础上的，一个就业能力弱的求职者是很难产生求职信心的，即便有信心，也极有可能是装出来的。提高就业能力，一是要珍惜到企业实习的机会，充分利用实习的机会积累工作经验；二是要提高沟通表达能力，一个在求职过程中不善于同企业招聘主管沟通的求职者，其求职的成功率是不高的。

15 建立和谐的人际关系

小周：“在企业从事技术管理工作已有4年多的时间了，我一直不善于处理人际关系。我有一个问题想请教于你，当遇见同事对你的工作（如工资待遇、工作业绩情况）报以不满情绪、不理解情绪时，我该如何对待并和他们相处呢？”

姚先桥：“美国石油大王洛克菲勒曾说：‘我愿意付出比天底下得到其他本领更大的代价来获取与人相处的本领。’洛克菲勒的这段话说明，与人相处的能力对于每一个人来说是何等重要。如果一个人的人际关系不好，其才能的发展将会受到很大的制约。就你这个问题而言，我有如下四个建议：①调整心态，坦然面对这个问题。人总有不被人理解的时候，事事要求别人理解的心态需要调整。在这里，我送给你两句话：‘岂能尽如人意，但求无愧我心’。②积极沟通，消除误会。别人对你的工资待遇高持不满态度，很可能是因为你们之间沟通不够，如别人并不了解你的工作过程、难度、挑战性，以及对人的知识、能力和创新等素质的较高要求。如果你善于同他人沟通这个问题，让他们深刻了解你的工作过程及难度、挑战性，以及对人的知识、能力和创新等素质和工作业绩的较高要求，那么别人就会理解你，认为你所获得的薪酬合理，对你的不满情绪就会逐渐消除。③要不断创造新的工作业绩。别人对你工资待遇高持不满态度，是否因为你在工作中的业绩并不突出，如果他人有这种看法，那么你应该反思自己，自己是否创造了新的工作业绩。员工的薪酬总是同他们为公司创造的价值紧密联系的，如果你能不断创造新的工作业绩，那么别人对你的误解将是暂时的。相信你能认同这个观点。”

理论阐述：建立良好的人际关系，是职业生涯获得成功的一个不可忽视的因

素。人在职场，就不得不同上司、同级和下属及顾客打交道，如何同他们打好交道，就需要建立和谐的人际关系，这比人的智商或专业才能更重要。美国成功学大师卡耐基说：“专业知识对成功的作用只占15%，其余的85%则取决于人际关系。”美国通用电气公司前董事长韦尔奇认为：“我提供给人们的最重要的忠告是你不可能独立完成工作，你必须与你的部属中最聪明的人和睦相处并默契配合。如果你做到了，那你就成功了。”韦尔奇的这段话值得职场人士铭记。建立良好的人际关系之所以重要，是因为我们在职业生涯发展过程中要以与他人的良好合作为前提条件，无论是产品研发人员还是市场营销人员。诸如产品研发人员，其产品研发才能只有同其他产品研发人员共同合作才能有效发挥。个人英雄主义时代已经过去，如何同他人合作有一个相互尊重、理解和相互支持、配合的因素，而这因素是建立良好人际关系不可缺少的。只要我们在职场上和他人建立了良好的人际关系，那么我们在工作中就如同鱼儿得到水一样，整个职业生涯就能获得持续发展。

方法指导

（1）高度重视建立良好人际关系在职业发展中的作用　在职业生涯中，个人才能的施展离不开团队合作，如上级领导的指导、同级和下级的支持等，而良好的团队合作是以建立良好的人际关系为前提的。不能与他人建立良好的人际关系，团队合作就是一句空话。

（2）掌握建立良好人际关系的方法　建立良好的人际关系有赖于掌握其方法：一是尊重。对他人要尊重，包括尊重他人的劳动、个性和隐私。二是沟通。善于同领导和同事交流信息，在工作思路、方法等方面达成共识，求大同，存小异。三是宽容。严于律己，宽以待人，以博大的心胸宽容他人工作的缺点和不足。

（3）提高正确处理人际关系的能力　在职场建立良好的人际关系，需要提高正确处理人际关系的能力。如何对待领导的批评，怎样看待他人的缺点，如何面对分配不公，怎样面对他人的嫉妒等，面对上述可能引发人际关系矛盾的问题，需要提高正确处理人际关系的能力。

16　感谢宽容你的人

小王：“我在企业担任招聘主管职务，本月研发部要招聘一个研发经理，但没有招到，对此，我很内疚。我将此事向上司进行了汇报，以为上司会批评我，但上司并没有批评我。这反而使我不好受，领导不批评我，这有失常理。请问，我该如何面对我的上司？”

姚先桥：“领导不批评你，是在宽容你。在职场上，我们不难发现宽容我们的人，如当我们工作出现错误或失误时，上司并没有指责我们，而是帮助我们汲取工作错误或失误的教训，如此等等。当他人宽容我们时，我们要给予感谢，这是因为感谢宽容你的人，会使你不断反省自己，在职场上做最好的自己。”

小王：“我能做到感谢宽容我的人，请问我要以怎样的方式给予感谢？”

姚先桥：“首先要学会反省，反省自己工作中存在的缺点和错误，其次要用个人优秀的工作业绩给予感谢。就以你为例，你要用良好的招聘业绩来感谢上司对你的宽容。”

理论阐述：在感谢宽容你的人方面，有一则故事值得研读。一天，匈牙利著名钢琴家李斯特路过一个小镇，恰遇小镇举行钢琴演奏会，而演奏会的海报上公然说到钢琴演奏会的女钢琴师是李斯特的学生。李斯特甚感奇怪，因为他不记得教过这样一个学生。为此，他找到这位女钢琴师的住处，亲自登门拜访。女钢琴师是一个青年人，见到李斯特，大惊失色，扑倒在李斯特的脚下，边哭边说：“对不起！先生，我实在是不得已才打了您的招牌，冒充您的学生。可是如果不这样做，人们怎么会来听我演奏呢？”恍然大悟的李斯特并没有生气，他温和地说：“请你弹一曲给我听听，好吗？”女钢琴师全神贯注地弹起了自己的曲目。结果她演奏得十分出色，李斯特很满意地点了点头，他热心地进行了一些指点。然后李斯特微笑着对女钢琴师说：“现在，我不是教过你琴了吗？今后，你就是我的学生了，你可以放心大胆地打我的招牌。”一席话令女钢琴师感动万分，李斯特的宽容使她终生难忘。这位女钢琴师的成长，同她感谢李斯特对自己的宽容是分不开的。

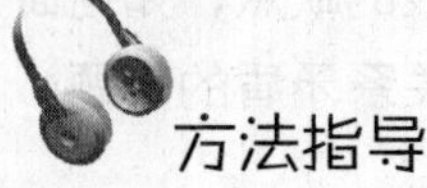

方法指导

（1）不要将他人的宽容当做纵容　宽容不等于纵容，在职场上，如果将他人对自己的宽容视为纵容，那么这对于个人的成长将是极为有害的，也失去了感谢宽容你的人的本意。在工作中，他人可以宽容我们责任心不强的缺点，但决不等于他人纵容我们责任心不强的缺点。尽快改正责任心不强的缺点，是应有的态度。

（2）当他人宽容自己时要学会反省　当他人宽容我们工作中存在的缺点时，我们要学会反省，及时检讨工作存在缺点的主要原因，制订整改措施并竭力实施。在工作出现失误时，如果总希望上司宽容自己，而不能反省自己，这是职场情商平庸的一种表现。在他人宽容自己之际而不忘反省自己，这种行为极有利于个人成长和发展。

（3）要用个人成长业绩感谢宽容你的人　用个人成长业绩感谢宽容你的人，是最有价值的感谢，也是曾经宽容过我们的人乐于看到的。因此，当我们工作存在失误，他人给予宽容时，我们要善于反省、检讨自己，找到自己思想、知识、能力等方面的不足，努力完善自己，使个人成长业绩不断提升，这是躬行感谢宽容你的人理念的真谛。

17 感谢伤害过你的人

小李：“我在企业工作很要求上进，但总有一种被伤害的感觉。有人说我是假积极，有人在我背后说风凉话，更有人嫉妒我的工作业绩。请问，我该如何与伤害我的人相处？”

姚先桥：“在职场受到伤害的现象较为普遍，我们在职场会遇到很多人，如上司、同级的同事、下属和客户等，他们之中既有帮助过我们的人，同时也不乏伤害过我们的人。对于帮助过我们的人，我们要给予深深的感谢，然而对于伤害过我们的人，同样也要向他们表示衷心的感谢，因为我们的成长、发展将永远铭记着他们的功劳。如果谁能有这种认识，那么他就具有很高的职场情商及智慧。”

小李：“感谢伤害过我的人，我现在还没有这么高的境界，对他们我恨都来不及，请问我现在应如何对待他们？”

姚先桥：“你现在可以做到不抱怨，即不抱怨任何伤害过你的人，时间长了，你的境界自然会得到提高。”

理论阐述：笔者在职场的成长与发展记录着感谢伤害过我的人的故事。我在青年时代曾在一家科研所从事车工职业，那时，车间有时停电，于是我就在车床旁沾满油污的桌子上拿起书籍阅读，偶尔写起了研究人才学的论文，而此时的诸多工友早就溜进了职工宿舍，打起了麻将。意想不到的是，在一次车间员工会议上，车间领导毫不客气地说：“有的人在工作时不务正业，看书，写文章，这是很不好的行为，希望以后引起注意！”这真是冤枉，我只不过是利用生产停电的时间看书、写文章，哪有不务正业的行为？此后，我并不在意这位领导的批评，而是暗中与他较劲，我一定要发表文章给他看看。于是就有了多篇人才学论文发表。1987 年 11 月，我撰写的人才学学术论文《析官本位思想及对策研究》一文获全国首届人才研究新秀奖一等奖。随后，经贵人推荐，我调入一家专业研究机构，从事自己喜爱的研究工作，由此改变了人生的命运。回忆过去自己成长的心路历程，我要由衷感谢那位伤害过我的领导，是他心怀嫉妒式的“批评”鼓足了我不服输的勇气，不断发展自己。感谢伤害过你的人，是一种大智慧。我们在受到他人伤害的同时，伤害也在培养我们，这包括反省自己的行为（是不是我们的行为并不符合工作和领导的要求）、寻找自己的目标（如做一个工作业绩优秀的人、做一个在上司和同事面前有尊严的人）。总之，要善于挖掘伤害我们的积极因素，化伤害为激励，这对于我们个人成长、发展是一件极好的事情。

方法指导

（1）对于伤害过我们的人，要大度一点，不要与他计较　与他计较本身就说明我们对他缺乏感谢之情。对于伤害过我们的人，要大度一点，能显示出我们良好的职场情商，他人一旦醒悟后会成为我们有力的支持者，从而有助于我们就业发展。

（2）对于伤害过我们的人，不要记仇　如果将仇恨留在大脑里，我们就很难对其抱有感激的情感。记仇只会扩大矛盾，不利于与他和平共处，有损于我们的职业发展。

（3）对于伤害过我们的人，不要报复　采取种种手段报复伤害过我们的人，这种行为是最不明智的，只会在职场上树立更多的敌人。如果真要“报复”伤害过你的人，就在工作或事业上做出一番业绩，这才是最有价值的“报复”。

18 感谢批评你的人

小纪：“我在企业从事会计工作，上司对我的工作要求很严，但我工作有时很粗心，上司常常狠狠批评我，对此我很郁闷，我应如何面对上司的批评？”

姚先桥：“能够感谢批评你的人，是一种良好的职场情商。面对批评，职场

情商高的人能以他人对自己的批评为契机，不断反省自己，使自己的工作不断趋向完善；而职场情商低的人常常拒绝他人的批评意见，并把他人的批评意见作为报复的理由。因此，面对批评的态度与行为，往往能折射出一个人职场情商素质的高低。”

小纪：“我应以怎样的态度面对上司的批评？”

姚先桥：“你要用真诚的感谢之情对待上司的批评。批评是促进我们进步的最有效途径。在职场上，并不是所有上司都愿意批评我们，愿意批评我们的上司无疑是好上司，我们可不能将他们视为与我们有意过不去的人。”

理论阐述：谈到批评我的人，不得不提到冷霜。冷霜是武汉人民广播电台873 创业空中课堂的主播，她认真工作的态度令人叹为观止，是一个乐于将工作质量追求到极致的人。2010 年 3 月 28 日，她邀请我做客 873 创业空中课堂，并询问我讲什么主题，我说：“就讲创业情商吧！”随后，我起草了一个提纲，从什么是情商、创业情商，到创业情商在创业中的作用，创业者如何提高创业情商。提纲交给冷霜后，她说：“创业者如何提高创业情商的案例还要充实。”其语言、语气不乏批评之意，随后我对提纲进行了修改，在创业者如何提高创业情商方面增加了若干内容，并补充了相关案例。对于这一稿，我是比较满意的。2010 年 4 月 3 日，我在武汉人民广播电台做客 873 创业空中课堂，与听众交流创业情商在创业中的作用。要用半小时谈论这样一个主题，时间显然不够，直播结束后，冷霜对当天的效果并不满意，关于情商在创业中的作用没有深入，她要求我将第二天的交流主题进行修改和完善，尤其是在培养创业情商方面要有观点和案例支撑。冷霜的批评使我很不愉快，但在离开直播间时，我向冷霜说：“我马上进行修改，争取明天讲得比今天好。”随后我对提纲进行了精心修改。第二天的直播效果果然令冷霜满意。回想起来，我的这一点点进步与她的批评是分不开的。

方法指导

（1）要培养接纳批评意见的胸襟　接纳批评意见，这话说起来容易，做起来并不容易。当他人批评我们的时候，我们的潜意识往往表现出一种本能的拒绝，甚至“反抗”，与之较劲者大有人在。要感谢批评自己的人，就要培养接纳批评意见的胸襟，一旦自己接纳批评意见的胸襟提高了，我们才会发自内心地感谢批评自己的人。

（2）要提高反省的意识　当他人对自己提出批评意见时，不应该反驳别人或为自己的错误找借口，而应该反省自己工作中存在的不足及深层次原因，这是感谢批评者的良好行为。面对他人的批评意见仅能接纳，而不知道反省，是远远不够的。因此，要感谢批评自己的人，就要在提高反省意识上下工夫。

（3）要有知错必改的行动　面对他人提出的批评意见，依然我行我素，这种行为并不是感谢批评者的行为。要感谢批评自己的人，就要有知错必改的行动，这是批评者最乐意看到的。用知错必改的行动来感谢批评自己的人，这种感谢才是最有价值的，同时也是最难做到的。

19　感谢羞辱你的人

小张：“我是一位应届大学毕业生，在企业从事销售工作。在工作时有时受到年长员工的排挤甚至羞辱，如他们说我没有销售经验，甚至怀疑我在销售方面的才能，我应如何看待这个问题？”

姚先桥：“人在职场，难免会遇到羞辱你的人。面对他人对你的羞辱，是抱以宽容甚至感激的心态，还是持以与其较真以及愤怒的心态，这往往能折射出一个人职场情商素质的高低。因此，欲成为职场情商高的职场人，学会感谢羞辱你的人很有必要。”

小张：“感谢羞辱你的人？这一点我做不到。”

姚先桥：“你先认同这个理念，相信你会做到。人有时需要负激励，羞辱是负激励的一种方法，他人对自己的羞辱往往能够成为自己奋发有为的强大精神动力。”

理论阐述：狄克·格里戈是当今美国著名黑人电台节目主持人，他出身于一个贫寒的单亲家庭。由于贫穷，他几乎是整个学校救济的对象。一天，班主任老师发动同学们为“社会基金”捐钱。对于此次学校募捐的经历，狄克·格里戈在一篇文章中写道：“几天后，也就是班级同学正式募捐的日子，我手里攥着自己捡垃圾挣来的三美元耐心地等着老师叫我的名字。我想，这样我便可以自豪地走上讲台，捐出自己挣来的血汗钱了，想到这里，我脸上溢满了幸福的光辉。但是，奇怪的是全班同学的名字都被老师叫了一遍，唯独没叫我。我大为不解，于是便向老师问个究竟。我原本以为老师会惭愧地说：‘对不起，是我把你给忘了。’

不料，老师却大声说道：‘我们这次募捐正是为了帮助像你这样的人，这位同学，如果你爸爸付得起五美元的课外活动费，你就不用领救济金了。’话虽不多，却深深刺痛了我的心，那天，我眼含泪水冲出了学校。从此以后，我再也没有踏进这所学校半步。”

流年似水，直到突然有一天，狄克·格里戈的名字出现在美国最出名的电视台上，人们才恍然大悟，狄克·格里戈成了美国著名的节目主持人。有记者曾问狄克·格里戈：“你还和那位羞辱你的老师来往吗？”他回答说：“为什么会没有来往呢？我当上主持人的第一天，就买了一大束鲜花来告诉大家——感谢羞辱过你的人，因为正是他们用粗糙的话语磨就你进取的利剑。”是羞辱成就了狄克·格里戈，这个结论是符合客观实际的。

方法指导

（1）不要太在乎他人的羞辱　一个人在追求职业成长、成功的旅途中，不可能事事如意，有认可你的人，也有羞辱你的人。面对羞辱不要太在乎，太在乎就说明你的心智还不成熟，还没建立自己独立的人格。在别人的种种负面评价面前，坚定自己追求职业成功的信念，做最好的自己比什么都重要。

（2）视羞辱为成长的反作用力　在工作中，受到领导的表扬有利于个人成长，他人对自己的羞辱同样也有利于个人成长，只不过这是反作用力。狄克·格里戈的成功，正是源于羞辱带给他成长的反作用力。视羞辱为成长的反作用力，往往能够使我们成长速度更快，质量更优。

（3）用个人成就感谢羞辱你的人　感谢的方式主要是通过个人成就来感谢，这是最有价值的感谢。因此，当我们在职场及工作中蒙羞后，一定要在积累自己工作实力和业绩上下工夫，并能表现出个人的成就。如果做不到这一点，任何感谢羞辱你的人的方式，都是苍白无力的。

20　对职业发展要充满期待

小沈：“我是工作两年的大学毕业生，在职场上，我总是打不起精神来，看到每天面对的电脑，我很厌烦，请你对我的职场情商评价一下？”

姚先桥："用一个指标评价一个员工职场情商是否优秀，我认为可以从他对职业发展是否充满期待来评价。一般而论，对职业发展充满期待的员工，其职场情商比较优秀，而对职业发展丧失期待的员工，其职场情商比较平庸。其理由在于前者与后者相比较，前者对职业发展有梦想，有目标，有信心。当我们对职业发展有一种期待情绪的时候，那么，这种情绪就能引导、驱动我们向着心中的职业发展梦想和目标而努力拼搏！"

小沈："请你说一下你对职业发展充满期待的故事。"

姚先桥："好的，我对自己的职业发展总是抱有一种期待的情绪。例如，1998 年 11 月，我在武汉一家集团公司担任人力资源部经理。为员工讲课的时候，我对自己未来能成为一名优秀培训师充满期待的情绪，于是就有了一个个培训课程的开发、一个个客户拜访及授课。我的培训课程走进了大企业和上市公司，如中国石化武汉公司、武烟集团、武汉东湖高新公司、武汉凡谷电子技术公司等。此外，我对出版自己的学术著作也总是充满期待，梦想真的有一天，在书柜里能摆进我自己出版的著作，或许是我对这一职业发展目标的期待太执著了，2008 年 9 月，我的著作《培训智慧论》终于在武汉出版社出版。所有这些是我在当初选择培训师这个职业时从未想到的。我想，这或许就是职业发展期待力量的神奇魅力。"

理论阐述：对职业发展充满期待能引导和驱动职业发展，这使我想起了心理学的罗森塔尔效应。罗森塔尔效应源于一个故事：传说古希腊时，在塞浦路斯岛上有一个年轻的王子叫皮格马利翁，他酷爱雕刻，在自己的努力下雕了一尊女神像。面对自己的作品，他爱不释手，整日深情注视。日久天长，女神竟然奇迹般地活了，并成为王子的妻子。这个故事告诉人们，期待是一种力量。1968 年，"期待是一种力量"理论由美国心理学家罗伯·罗森塔尔正式提出。罗森塔尔效应应用于个人职业发展领域启示我们，要相信期待的力量，只有对自己职业发展充满期待，才能引导、驱动并赢得职业发展。

方法指导

（1）要确定职业发展目标　职业发展目标不仅是职业发展的方向，更是追求职业发展的动力。因此，对职业发展充满期待，要以确定职业发展目标为基础。有的职场人士对个人职业发展缺乏期待的情绪，一个重要原因在于他们根本就没

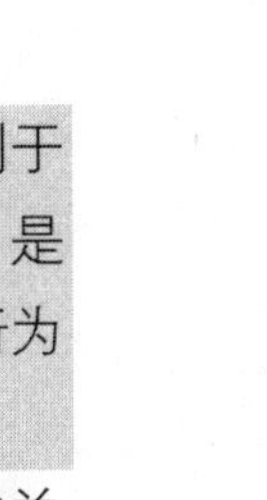

有职业发展目标。对自己不能确定职业发展目标，何谈对职业发展充满期待，对职业发展没有期待，就根本谈不上职业发展。

（2）用职业发展目标暗示自己　暗示有一种巨大的力量，积极的暗示有利于职业发展，消极的暗示则会有害于职业发展。对职业发展及其目标充满期待，是一种积极的暗示。接受这种积极暗示多了，就会逐渐引导和驱动人的思想与行为向既定的职业发展目标前行，从而使人们逐渐达成职业发展目标。

（3）投入大量职业发展的行动　能否投入大量行动，是实现职业发展的关键。对职业发展充满期待并不等于职业发展，职业发展要以投入大量职业发展的行动为代价，但这绝不是说对职业发展充满期待在个人职业发展中没有任何作用。对职业发展充满期待，可以引导和驱动我们投入大量职业发展的行动，这种引导力和驱动力会促使我们加大职业发展的行动量，这将极有利于实现职业发展目标。

第五课

职业转型

——为职业生涯发展突破

1 职业转型细思量

小李："我是一名工作已两年的大学生，我所从事的工作是通信工程施工管理，现在我不想从事这项工作，想从事软件测试专业的相关工作。我有几个同学是从事软件测试工作的，他们说从事软件测试工作门槛低，你认为我可以转行吗？"

姚先桥："我不知道你为什么不想从事通信工程施工管理工作，对此你要反思一下自己。你想从事软件测试工作，这需要专业知识、能力和经验背景，你现在是否具备这方面的专业知识和能力？如果没有就想转行，那么，有哪个企业愿意聘用一个没有任何软件测试专业知识、能力和工作经验的求职者呢？这种职业转型的风险未免太大了一点。职业转型是指一个从业者在某一专业岗位工作较长时间，因在专业岗位工作已经取得骄人的业绩而很难突破，或因从事某项专业岗位工作时间较长，产生对职业的厌倦情感而滋生的转行行为。前者如我国体操名将李宁，1988年，他从体操队退役以后选择经商，创办李宁体育用品公司。你在目前的岗位上工作仅仅两年，还没有在这个岗位上取得骄人的工作业绩，至于工作的厌倦期也并未到来，请你慎重选择在此时进行职业转型。倘若你选择软件测试工作，就要作好职业转型的充分准备，积累软件测试专业知识是必须的，如果你没有这个准备，甚至一点知识准备都没有，我建议你还是重操旧业。"

理论阐述：职业转型是谋求职业发展的重要契机。如何实现职业转型、转型时机的选择、转型的知识准备等都是值得我们深入思考和研究的问题。职业转型如同第一次选择职业一样，也应保持慎重的态度，盲目、随意的职业转型行为会为个人职业生涯发展带来较大的负面影响。职业转型对于人生职业生涯发展的作用主要表现在：实现职业转型有利于拓展职业发展方向，有利于拓展发展新领域，有利于适应社会对职业的需求。因此，根据个人职业发展状况，把握个人职业转型的时间和机会，是获得职业生涯发展的一个有益策略。一个人只要对自己职业发展抱有坚定的信念，并科学选择职业转型的时间、机会和具体的职业领域，并在新的职业领域辛勤劳作，完全是可以在一至三个职业领域获得发展的。通过职业转型获得职业生涯发展的关键在于把握职业转型的时间、机会和在新的职业领域付出艰辛的努力。倘若职业转型者不能有效把握以上三个关键点，就不要轻易作出职业转型的决定，否则就极易导致职业转型的失误乃至失败，对于这个观点，我们应当给予高度重视。

方法指导

（1）职业转型要慎重　职业转型是推动职业生涯发展的一个重要因素。职业转型是一把双刃剑，职业转型的成功能够促进职业发展，而职业转型的失败会对职业发展带来损失。这种损失主要表现在难以适应新的职业并受困于新职业。由此可见，职业转型对于每一个从业者来说都是有风险的，因此，职业转型要慎重，不能一时心血来潮，就盲目决定转行。职业转型要理性决策，这对于盲目职业转型者是一个有益的忠告。

（2）职业转型要细思量　作为从业者，如果要实现职业转型，就要多问几个问题，如我现在从事的职业是否不适合我？我在目前职业领域中潜能是否充分发挥出来？我在目前的职业领域是否获得了骄人的业绩？我想选择什么职业？我能否胜任所选择的职业？如果上述问题没有弄清楚，建议不要进行职业转型，对职业转型问题进行深入思考和研究是非常必要的。

（3）职业转型要作好充分准备　凡事预则立，不预则废。职业转型要打有准备之仗。职业转型的成功不在于我们认为能够胜任新职业，以及履行新职业的职责，而在于企业或上级领导能否认同我们在新职业领域所做的工作及工作绩效。因此，职业转型的充分准备是保障职业转型成功的关键因素。做好职业转型的知识、技能和心理等方面准备，职业转型的准备愈充分，则愈有利于职业转型的成功。

2 职业转型要基于发挥专业才能

小王：“我是从事技术开发的工程师，工作已有15年了，现在很迷茫，不知道是否该继续从事技术开发工作？”

姚先桥：“你在职场上遇到了什么问题？是否遇到了职业发展的瓶颈？”

小王：“长期从事技术开发工作有点厌倦，我想从事管理工作，因为从事管理工作的薪酬待遇比从事技术开发工作高一些。”

姚先桥："长期从事一项工作有点厌倦，对此我很理解，但这不是你职业转型的充分理由。你想职业转型的动机主要是基于从事管理工作的待遇比技术开发工作高一些。每个人都想从事薪酬待遇高一点的工作，但问题的关键在于我们是否具备从事较高薪酬待遇工作的知识、能力与业绩条件，你要从技术开发工作转为技术管理工作，就要积累技术管理知识，如项目管理、人力资源管理知识，还要训练和提高技术管理能力，如沟通能力、领导能力和决策能力等。如果你从技术开发工作转型为技术管理工作，其动机仅仅是追逐技术管理的高薪酬待遇，我建议你最好还是做老本行，这是因为职业转型是基于发挥个人专业才能的，而不是薪酬待遇。"

理论阐述：在职业上实现成功转型的故事中，我国体操名将李宁是一个杰出代表。1981 年，李宁获得世界大学生运动会男子自由体操、鞍马和吊环三项冠军。1982 年，在第六届世界体操赛上，李宁独得男子全部 7 枚金牌中的 6 枚，创造了世界体操史上的神话，被誉为"体操王子"。1989 年，26 岁的李宁退役后加盟了广东健力宝集团，创立李宁体育用品品牌，并以赞助 1990 年亚运会中国代表团为契机，开始了李宁体育用品公司的经营业务，从而开创了中国体育用品品牌经营的先河。"李宁"早已成为中国体育用品的第一品牌。李宁成功的职业转型经验是善于利用资源优势，如个人品牌、对体育运动的热爱和拥有国内外体育界的人脉资源等。如果李宁创办和经营的企业同体育产业不相关，那么，李宁的职业转型失败的可能性将是极大的。因此，职业转型要基于发挥专业才能，这是职业生涯的一大智慧。

方法指导

（1）职业转型要独立思考　职业转型是职业生涯的一项重要决策，绝不可草率决定。职业转型要独立思考，既不能凭自己的主观想象，更不能人云亦云。盲目进行职业转型，必将导致职业转型决策的失误。在职场上，有的人职业转型很轻率，随意转行，必然对职业生涯发展带来负面影响。

（2）职业转型要以发挥专业才能为基础　有的职场人士在进行职业转型时，不珍惜以前的专业知识、能力和经验积累，这是一种观念误区。在职场上，多年积累的专业才能是职业生涯的宝贵财富，绝对不能放弃。那种游离于专业才能之外的职业转型，其成功概率并不高，个人职业发展离不开以前积累的专业才能。

（3）职业转型要以职业发展为核心　有的职场人士的职业转型以薪酬待遇为核心，认为薪酬待遇愈高，就愈表明职业转型成功，这是职业转型的一大思想认识误区。如果为了追逐高薪酬，宁愿舍弃原有专业岗位工作，从事自己不熟悉的职业，这种不理智的职业转型行为对个人未来职业发展的负面影响不可小视。唯有以职业发展为核心的职业转型，才是最有价值的。

3 职业转型不宜另起炉灶

小胡："我所从事的是网络游戏产品开发职业，曾在多家网络游戏公司就职。我现在对于从事这项工作有一种厌倦感，你认为我是否到了职业转型的阶段？如果要实现职业转型，我该如何转型？"

姚先桥："网络游戏产业是一个朝阳产业，为什么不想继续从事网络游戏产品开发工作呢？"

小胡："从事这项工作很累，每天晚上都要加班，这几乎是行业的潜规则，可能是夜间工作有利于创意的萌发。我是一个女青年，夜间上下班不安全，身体感到疲惫，所以我想转行，你认为我该如何涉足新的职业？"

姚先桥："我很理解你目前从事网络游戏工作面临的困境，如果你要实现职业转型，建议对自己盘点一下，即你喜欢什么职业，你能从事什么职业，你在选择新职业时有什么资本，如专业知识、工作能力积累等。"

小胡："大学所学的专业是美术，除了在网络游戏专业有专业知识和工作经验外，其他专业知识积累得很少，所以，我对职业转型心中没底，有一种迷茫的感觉，你认为我该如何面对职业转型？我能否选择新职业？"

姚先桥："你的职业转型若选择从未从事的新职业，且没有专业知识和能力积累，将面临较大的职业转型风险。职业转型的一个基本规律是，职业转型要同自己以前从事的专业岗位所积累的知识和经验密切相关，如果转型的职业对自己是一个完全陌生的知识领域，其转型失败的可能性为80%～90%。根据你现在的知识和经验积累，建议你选择网络游戏相关职业，如网络游戏产品研发的管理人员、网络游戏产品开发的培训师等。这种职业转型既可以利用过去的专业知识和工作经验，又能拓展自己新的工作领域，其职业转型成功的可能性要高得多。"

理论阐述：职业转型是实现职业生涯发展的一种契机，但职业转型的积极作用和消极作用兼而有之，科学的职业转型是职业发展的契机，而盲目的职业转型则是职业发展的陷阱，职业转型上的另起炉灶就是职业发展的一大陷阱。另起炉灶式的职业转型同自已从事过的职业没有任何联系，而这种职业转型的成本高，如学习和掌握新职业知识的周期较长，得到企业领导和同事了解和信任需要较长时间，因缺乏相应的工作经历和经验，难以较快产生工作业绩等。职业转型的成本高，必将带来职业转型的失败，因此，面对职业转型，我们一定要慎重。既要善于从职业发展的战略层面谋划职业转型，也要很好地利用以往从事职业所积累的专业知识、工作经历和经验，使之成为职业转型成功的基础，如记者转型为编辑、营销员转型为营销策划师等。总之，要科学谋划职业转型，使之成为实现个人职业发展的重要契机。

方法指导

（1）视所从事的职业经历为财富　职业转型者不要将过去从事的职业当做包袱，要视为财富。在职业转型问题上，另起炉灶将会付出较高的职业转型成本，如学习和掌握新的职业知识和技能的时间成本、精力成本等。如果在原有职业发展平台上实现职业转型，则更有利于职业转型成功。

（2）在相邻职业领域转型　相邻职业是指职业之间有密切联系的职业，如营销与营销策划、产品研发与产品研发管理等，由于相邻职业有其从业的知识背景能够借鉴和应用，因而，其职业转型成功的概率比非相邻职业要高一些。

（3）从战略层面谋划职业转型　从职业生涯发展来看，职业转型是职业生涯的重大战略决策，这项决策成功与否将直接影响从业者职业生涯的成败。因此，职业转型要从职业生涯发展战略层面进行谋划，如果以简单的换岗位的视角看待职业转型，那么这种职业转型不利于整体职业生涯发展。

4　职业转型要有归零心态

小吴：“我以前在一家电信企业负责黄页（电话簿）的销售工作，从业务员做起，一直做到销售经理和区域销售总监。由于多种原因，我现在离开了这家企业，目前求职遇到的最大问题是我应聘企业销售经理或业务员受到了冷遇，而且应聘单位要我从业务员做起，我心里很难接受。请问，我该如何面对和解决求职问题？”

姚先桥：“我很理解你现在求职的困惑心理。其实这种困惑来源于你自己的认识和判断，如果你学会换位思考，站在企业招聘主管及企业选聘优秀人才的角度看自己，那么你的心情就不会这么郁闷了。你虽然担任过企业销售经理和区域销售总监职务，但你销售的产品是黄页，产品不一样，销售渠道和服务的顾客群体存在较大的差异，你如果应聘一家销售黄页的企业，相信有很强的竞争力，但倘若你应聘一家药品公司或机电产品制造企业的销售经理，就绝非轻而易举了，原因是你对上述企业销售产品、营销渠道和顾客群体等不了解。所以，你应聘的企业不录用你是有道理的，对此，你要理解，并非是别人和你过意不去。”

小吴：“那你认为我该如何面对和解决求职问题？”

姚先桥：“我的建议很简单，就是培养归零的心态。把过去担任过销售经理和区域销售总监的职务和业绩统统忘掉，以归零的心态参与求职、应聘，相信你能受到企业的青睐。真正优秀的人才，是不怕从基层做起的，如果你认为是一块做销售总监的“料”，又何惧从业务员开始做起呢？”

理论阐述：职业转型包括专业岗位的转型和专业岗位工作内容的转型。专业岗位的转型是指从业者完全从事一个新的专业岗位，如从事产品研发的专业岗位，转型至产品销售专业岗位。专业岗位工作内容的转型是指专业岗位相同，而专业岗位工作内容不同，譬如，同样是销售岗位，从事快速消费品销售的销售员同工业品销售的销售员在专业岗位工作内容上是截然不同的。无论是专业岗位的转型还是专业岗位工作内容的转型，都有一个将心态归零的问题，即忘记过去曾经从事的专业岗位或专业岗位工作内容以及以往的工作业绩。只有以归零的心态面对职业转型，才能更好地适应新的专业岗位。职业转型时将心态归零是非常必要的，其作用一是有利于应聘新的专业岗位。以归零的心态面对职业转型，往往能以谦卑的态度面对企业招聘，受到企业招聘主管的好评。二是有利于适应新的专业岗位。以归零的心态面对职业转型，常常能以学习的心态面对新的专业岗位，以适应新的专业岗位对自己知识和能力素质的要求。三是有利于职业转型成功。以归零的心态面对职业转型，由于能够较快适应新的专业岗位，并能在新的专业岗位建功立业，因而有利于职业转型的成功。

方法指导

（1）忘记过去曾经拥有的辉煌　忘记过去曾经拥有的辉煌，是实现职业转型成功的关键。面对职业转型，如果对过去担任的职务、从事的专业工作所取得的成就等津津乐道，那么就很难从旧我转变成一个新我。忘记过去曾经拥有的辉煌，是一种归零心态的反映，职业转型者应有“而今迈步从头越”的博大胸襟。

（2）选准转型职业　科学的职业转型能迎来职业生涯第二个发展期，但前提是要科学选准转型职业。一般而言，职业转型者所选择的第二份职业，要同第一份职业有千丝万缕的联系，这样有利于降低职业转型的风险。如乒乓球运动员杨影，从运动员职业生涯退役后转型为乒乓球比赛职业解说员，杨影职业成功转型的经验值得我们借鉴。

（3）在新职业领域创造新的业绩　一旦实现职业转型，就要在新的职业领域创造新的业绩。在新的职业领域创造新的业绩，一是要不断学习新的专业知识，尽快适应新的工作岗位对专业知识的需求；二是要善于发现新职业领域中的创新点，从别人未曾突破的工作难点着手，通过不懈努力创造新的业绩。

5 为未来从事本专业工作储备能力

小付：“我是一个本科生，学的是金融专业。根据我所学的专业，我想从事证券投资，但受全球金融危机的影响，证券市场低迷，从事证券投资业很难找到工作。而且我国证券业不景气的状况很可能要延续较长的时间，在目前这种情况下，我该如何选择职业？”

姚先桥：“我们选择职业既要与我们所学的专业紧密联系，更要同整个社会大的经济环境，尤其是产业发展的大环境相关，并受制于这种大环境。我们不能改变这种大环境，但我们能够适应，并能预测这种大环境的变化，以此作思考，为选择相关职业或把握就业机会提供决策依据。关于全球金融危机和中国证券市场低迷的问题，相信它是一种经济周期现象，当经济周期处于低谷阶段，经济周期的上升阶段就会即将到来，很可能有两三年时间，那么在这两三年的时间里，我们是以观望、消极的心态等待经济周期上升阶段的到来，还是做好准备迎接这个阶段的到来？相信这个答案你比我更清楚。就你的具体情况而言，我建议你要为未来从事本专业工作储备能力。”

小付：“我未来仍想从事证券业，那么，从现在开始，我该储备哪些能力呢？”

姚先桥：“证券业的一个主要工作就是帮助客户理财，使其资金保值增值。证券公司需要证券投资和证券分析人员。从事这项职业，需要从业者具备信息搜集能力和信息分析能力。建议你从现在开始就要储备信息搜集能力和信息分析能力，尤其是信息分析能力，只要你具备这两项能力，是能够从事证券分析和证券投资职业的。”

理论阐述：为未来从事本专业工作储备能力，是职业生涯的一大智慧，其智慧价值在于对未来职业生涯发展进行前瞻性思考。从事任何一项职业，都有一个能力储备问题，从事产品研发需要储备搜集科技情报能力和产品构思能力，从事市场营销需要沟通能力、耐挫能力，从事证券投资需要分析能力和决策能力，如此等等。而一个人能力的产生和形成不可能一蹴而就，需要一个较长时间的训练和积累过程，短则一至两年，长则三至五年。因此，当我们目前未能从事自己心仪的专业工作时，提前储备做好未来从事专业工作的相关能力是非常必要的。其作用一是有利于攻克求职面试关。一个具备从事某项专业工作能力的人，是能够获得企业招聘主管认可和信任的。三国时期，刘备三顾茅庐，诸葛亮“面试”成功，在很大程度上是因为诸葛亮早已储备了军事谋略与决策的能力。二是有利于缩短从事某项职业的实习期。对于已经储备从事未来职业能力的人来说，他们几乎不存在实习期，只要求职面试成功，必能迅速熟悉专业工作，并能在工作中取得较大的工作业绩。

方法指导

（1）做好职业定位　为未来从事某项专业工作储备能力，一定要做好职业定位，即要聆听来自自己内心的呼唤，如未来将从事的专业工作是我需要的吗？我能胜任吗？我能做好吗？在没有对自己所从事的职业进行科学定位的前提下，匆忙储备从事未来工作所具备的能力，那么这种能力的储备必然是没有目标的，是不利于未来职业生涯发展的。

（2）领悟胜任模型 任何一项职业皆有其独特的胜任素质模型。要想从事未来所选择的职业，就必须领悟未来从事职业的胜任素质模型，并用该模型严格要求自己。领悟职业胜任素质模型是储备从事未来专业工作能力的基础，职业素质胜任模型为储备从事未来工作能力提供了方向和要求，使储备专业工作能力同从事该职业工作所要具备的能力相吻合。

（3）加强能力训练 专业知识是学出来的，专业能力是练出来的。如果未来将从事某项职业，就要训练该职业所具备的能力，如从事证券投资业就要训练搜集、分析信息的能力和投资决策的能力。只有通过训练专业工作能力，才能提高专业工作胜任素质，专业工作胜任素质一旦提高了，职业生涯就会进入一个新的发展阶段。

6 不要轻言职业转型

小曾：“我学的专业是计算机网络，在一家企业从事计算机网络工作。我在这家企业已经工作五年了，由于公司经营不善，资金链断裂，导致破产，我不得不离开这家公司。我现在在人才市场求职，但苦于找不到需要计算机网络专业的岗位，在这种情况下我是否面临职业转型问题？”

姚先桥：“你对从事计算网络这项工作热爱吗？工作业绩突出吗？”

小曾：“我热爱这项职业，虽然不能说业绩突出，但完全可以胜任这项工作，我之所以想转行，完全是因为再从事这项职业很难就业。”

姚先桥：“你的职业转型理由不充分，仅仅以自己一时难以找到专业对口的工作为理由就轻率决定转行，这是对自己的职业生涯一种不负责任的表现。既然你在计算机网络领域有知识积累，且有五年工作经验，相信你能在这个职业领域找到自己的位置，并发挥自己的专业才能，而不要图一时找不到工作而盲目‘改换门庭’。你可以选择职业转型，但你要知道转型后选择什么职业，你是否具有所选择职业需要的专业知识、工作经验的积累，你所选择的职业是否适合企业需求，求职应聘的成功率有多大等。不把职业转型的退路想好、设计好，就感情用事，决定抛弃老本行，其结果必然导致职业转型的失败，对此你应给予高度重视。我建议你不要轻言职业转型，你需要耐心等待和寻找应聘的机会，继续从事计算机网络工作”

理论阐述：职业转型是促进职业生涯成功的一个重要契机，但并不是所有人都能获得职业转型的成功。职业转型的风险是客观存在的，因此，任何轻言职业转型的行为，都会带来职业转型的风险。马克·吐温是文学史上的天才，也是19世纪世界上稿酬最多的一位作家。中年以后，他定居纽约，一方面靠创作获得丰厚的稿酬，另一方面利用几百万美元的稿酬进行投资，然而，对于投资理财，他显然没有文学上那样的天分。最初，马克·吐温办了一家出版社，一周之内就亏了几万美元。后来，他把更多的钱花在印刷机的研制上，结果造出的印刷机只能印“马克·吐温”几个字，这令他血本无归。由于经营不善，负债累累，马克·吐温被迫到各地讲学，以赚取酬劳，偿还债务。马克·吐温为自己随意、盲目的职业转型付出了沉重的代价，这个教训值得我们吸取。

方法指导

（1）职业转型要瞻前　职业转型要瞻前是指在准备职业转型之前，要客观审视自己，如我爱好这个职业吗？我在职业上取得了哪些成就？职业发展是否遇到了瓶颈？职业转型的条件是否充分？如果对于上述问题没有清晰的认识就进行职业转型，面临的风险将是极大的。在职业转型之前，多审视一下自己，有利于减少职业转型的盲目性和随意性。

（2）职业转型要顾后　职业转型的顾后是指在准备职业转型之前，要客观审视自己，我为职业转型做好了哪些准备？我将选择什么职业？在新职业领域我将在哪些方面有所发展？实现职业转型有什么途径？如果没有将职业转型的“后路”设计好，就“喜新厌旧”，盲目选择新职业，其职业转型会面临很大的风险。

（3）在瞻前、顾后的基础上科学决策　职业转型是职业生涯的一个重大决策，容不得半点心血来潮，感情用事，不瞻前很有可能导致盲目的职业转型，而不顾后极有可能带来职业转型的困境。因此，只有在瞻前、顾后的基础上科学决策，才能决胜于职业生涯，才能赢得未来职业生涯的成功。

7 不要盲目进入陌生的职业领域

李某："我在一家制药企业做过 4 年的行政工作，后因薪酬较低，跳槽到一家房地产企业，从事售楼职业。一年后，我同先生创办了一家企业，销售润滑油，因一次车祸导致企业经营陷入困境，最后不得不关门。休整了一段时间后，我选择了求职。"

姚先桥："从当老板演变为打工仔，将面临着心态调整问题。你想选择什么职业呢？"

李某："心态没问题。我想担任期货公司的操盘手，从事这项新的职业。"

姚先桥："你如果没有从事期货操盘手的工作经历和经验，是很难从事这个职业的。作为操盘手，需要有很高的素质，如广博的学识、对全球和中国期货市场的信息非常了解、良好的心理素质、缜密的思维能力、控制风险的能力等。就以缜密的思维能力来说，这要求期货操作手能够根据国内外期货市场信息和现货市场产品需求状况等资讯进行缜密思考，为交易决策提供科学的依据。这个素质对于从事这个职业的人来说是非常重要的，倘若你连这个素质都不具备，那么，放弃这个职业的就业机会将是明智的选择。"

李某："不选择期货公司的操盘手，那么，我应该选择什么职业呢？"

姚先桥："根据你的工作经历和经验，我建议你选择从事行政管理相关职业，也可以选择售楼职业，上述职业是你曾经做过的，重操旧业是你明智的选择。"

理论阐述：不要盲目进入陌生的职业领域，这是对职业转型者一个有益的忠告。不熟不做是选择职业的一个重要原则。一个人要想从事某项职业，需要具备相应的专业知识、能力素质，这些素质是在长期工作过程中逐渐培养起来的，在求职及工作中具有重要的作用。企业喜欢招聘那些具有工作经验的人，是因为他们在多年的工作中积累了从事相关专业的知识、能力以及工作经验。进入一个陌生的职业领域，需要重新学习和积累专业知识，重新培养工作能力和积累工作经验，而这需要较长时间学习和积累。职业转型者不要盲目进入陌生职业领域，其主要原因一是职业转型成功的概率低，极少有企业会聘用和重用在某一职业领域没有任何专业知识和工作经验的人；二是如果职业转型者选择陌生的职业，要准备一个较长时间的职业及工作适应期和学习期。综上所述，职业转型者在重新选择职业时，不要盲目进入陌生的职业领域。

方法指导

（1）职业转型要独立思考　职业转型是一个非常严肃的事情，容不得半点感情用事和粗枝大叶。职场人士在职业转型时，要有独立思考的意识，既要科学认识自己，这包括所学的专业、职业倾向和工作经验，又要客观认识职业，如职业的社会和企业需求、职业对从业者的知识、技能的要求等。独立思考选择职业，能够使我们避免职业转型的盲目性。

（2）对进入陌生的职业领域要多问几个为什么　如果有的职业转型者想进入陌生的职业领域，就要多问几个为什么，这包括我为什么要选择这个职业？我对这个职业性质和特点了解吗？我从事这个职业需要什么知识和技能？我对选择这个职业做好了充分准备没有？如此等等。在职业转型时多问几个为什么，就能有效避免走进盲目职业转型的误区。

（3）职业转型不要脱离现有的工作经验　现有的工作经验是我们在职业上获得发展的基石，同时也是我们实现职业转型宝贵的财富。这是因为，我们现有的工作经验是我们在长期从事某一职业工作积累起来的，来之不易。所以，在职业转型时抛弃多年积累的工作经验是不明智的，人的职业生涯时间并不长，如果盲目进入陌生的职业领域，必然要重新积累工作经验，极不利于个人职业发展。

8　别把所从事的职业不当一回事

小张：“我是2007年毕业的大学生，专业是平面设计。毕业后，我一直在武汉一个家电连锁超市从事督导职业，工作两年后，我对督导工作有一种厌倦感，希望能换一个企业从事一项新的职业。于是我向公司领导递交了辞职报告。当我来到人才市场参加应聘后，才知道找工作很不容易，能找到类似于我原工作条件的企业（有发展潜力和职业发展平台）更是难上加难。我现在很后悔，请问我在追求职业生涯发展过程中是否存在思想误区？”

姚先桥：“你盲目的辞职行为的确存在思想误区，你的思想误区就是把自己所从事的职业不当一回事，总认为外面的职业很精彩，对自己所从事的职业感到很无奈。这是一个极不利于个职业发展的思想误区，在这种思想误区的影响下产生了对工作的厌倦情绪和盲目的跳槽行为。”

小张：“你认为该如何避免把所从事的职业不当一回事的思想误区？如何谨防对职业的厌倦感呢？”

姚先桥：“对第一个问题，我提出两个观点：一是要审视宏观就业环境。当宏观就业环境不好时，千万不要轻易炒掉企业，轻易炒掉企业最终炒掉自己。二是不要盲目攀比。外面的职业很精彩，对自己所从事的职业感到很无奈，这是典型的盲目攀比心理的表现。关于如何谨防工作的厌倦感，我始终认为工作是美丽的，如果我现在没有工作，一定会很痛苦、很郁闷。对工作的厌倦情绪更多的是来自于人的心理，而非生理，心累才是导致工作厌倦感的根本因素。只要你把工作当做一种快乐的事情，那么，你对工作的厌倦感自然就会消除。”

理论阐述：城外的人想到城里去，城里的人想到城外去，这种围城现象在职场上随处可见。把自己所从事的职业不当一回事，而觉得外面的职业很精彩，就是一种常见的职场围城现象，这种不良现象对职业生涯发展的负面影响表现在：一是滋生从业者的浮躁心理，使他们不安心做好本职工作，“人在曹营心在汉”。二是引发盲目跳槽行为。既然认为外面的职业很精彩，盲目跳槽就是一种必然选择。三是制约职业生涯成长和发展空间，对职业缺乏忠诚度的人，很难成为职场成功人士。为什么有的职场人士敢于把自己从事的职业不当一回事，其思想根源在于：一是对自己所从事的职业缺乏忠诚，对职业缺乏尊崇和敬畏的情感。二是对就业机会缺乏珍惜的意识。对职业的厌倦感、轻率的辞职行为等，都是对就业机会缺乏珍惜的表现。总之，将自己从事的职业不当一回事，对于个人职业生涯的发展来说是极为有害的。个人职业生涯的发展同职业的关系是相互统一的，当有人抛弃自己所从事的职业时，那么该职业也就抛弃了从业者；而有的人对所从事的职业充满爱恋之情，那么，职业不仅会拥抱他们，更会带给他们工作的快乐和职业生涯的成功。

方法指导

（1）忠诚从事的职业　将自己所从事的职业不当一回事，其思想根源在于缺乏忠诚职业的意识，将职业当儿戏。对职业抱有无限忠诚，是从业者一种智慧的表现。职业不仅是一种谋生的手段，更是施展自己才能与智慧的舞台，对自己职业的忠诚也就是对这个舞台的忠诚。

（2）珍惜就业的机会　职场上的围城现象同人们浮躁心理的关系十分密切。具有浮躁心理的人，很难安心于从事自己选择的职业，“这山望着那山高”，总认为“别人碗里的菜比自己的香”。如果能够有效克服浮躁心理，就会逐渐培养忠诚职业的意识，根除盲目跳槽行为。

（3）做好本职工作　在职场上，做好本职工作是把所从事职业当一回事的具体行为体现。做好本职工作，要求从业者应以良好的工作态度对待工作，这包括敬业爱岗、专心致志、认真负责等。只有将本职工作做好，才能在职场上立足，才能赢得职业生涯的成功。

9　参加职业培训是职业转型的基础

小刘：“我在家电销售行业工作了10年，由于工作压力大，我对从事这个职业有一种厌倦情绪。我想转行，但自己理不清头绪，对自己未来的职业没有方向感。你认为我该如何解决这一问题？”

姚先桥：“经初步判断，我认为你患有职业厌倦综合症，这种症状表现为对工作感到厌烦、工作不起劲、工作效率低等。请问你确实想转行吗？”

小刘：“我想转到一个新行业，从事新职业，这能激发我对工作的兴趣，在这方面你有什么建议吗？”

姚先桥：“我建议你转行，新职业可以是家电产品营销培训师或者家电产品营销策划。这既能将你以前的工作经验利用起来，又能为你选择新职业奠定基础。而且建议你参加职业培训，这是实现职业转型的基础。

小刘：“感谢你的建议，我会认真考虑的。”

理论阐述：职业转型是从旧职业向新职业的一种转换，职业转型对任何人来说都是一种挑战，这种挑战集中在知识和技能方面。当旧的职业知识和技能不能满足新职业的需要时，这种挑战就显得十分严峻而迫切。因此，要实现职业转型，就必须参加职业培训。参加职业培训是职业转型的基础和必要环节，有的职场人士在职业转型之前，忽视参加职业培训的重要性，遭遇不能适应新职业的困境，这是十分常见的事情。任何忽视职业转型培训的行为，都会犯常识性的错误，极不利于职业转型之后的职业生涯发展。

方法指导

（1）慎重选择培训项目　目前，社会上的培训机构很多，培训项目林林总总，如人力资源师、项目管理师和各种技术工种等职业资格培训。员工在职业转型之前，一定要慎重选择培训项目，不要草率从事。所选择的培训项目及课程，要同准备转型的职业所需要的专业知识和技能相吻合，这既能确保学有所用，又能保障职业转型的成功。

（2）认真参加职业培训　参加职业转型前的职业培训，培训收获的多少将直接影响职业转型的时间和质量。因此，认真参加职业培训，争取更多的收获就显得十分重要。

（3）加强培训成果应用　知行合一是参加职业培训的最高境界，实践表明，学到一门知识，掌握一种技能，仅仅会用大脑去学是远远不够的，更需要在工作实践加以应用。后者比前者更为重要。在职业转型过程中，加强培训成果应用，不仅能有效提高职业技能，更能够缩短胜任新职业的时间周期，对于职业转型者的作用是显而易见的。

第六课

职业发展

——为职业生涯发展加油

1 作好就业的充分准备

小黄："我毕业于安徽财经大学，专业是国际经济与贸易。2008 年大学毕业后，我曾在一家外贸企业工作，因受全球金融危机的影响，这家外贸企业的发展遭遇到寒冬，我现在对自己职业发展很迷茫，不知道未来能从事什么职业？"

姚先桥："请问你最喜欢从事什么职业呢？一般而论，正确选择职业发展方向要弄清三个问题，一是我喜欢做什么？二是我能做什么？三是我能做成什么？确定职业发展方向，必须对上述三个问题进行精心思考，然后作出选择。"

小黄："我喜欢从事教师职业，我英语达到六级，很愿意担任英语教师。如果我选择英语教师作为职业，我应该作好哪些准备呢？

姚先桥："教师是人类灵魂的工程师，是一个值得尊敬的职业。选择教师职业，需作的准备包括：一是要准备考取教师资格证。这是从事这项职业的准入门槛，一定要获得这个证书，否则将很难从事英语教师职业。二是要学习教育学知识，尤其是教育心理学知识。不了解学生的学习心理，很难做到因材施教。三是熟练掌握授课方法。这包括怎样制订教案、英语口语训练的方法等。四是要训练英语口语。要能熟练用英语口语同英语老师交流，并能得到他们的认同。如果你能在上述四个方面作好充分准备，实现你的教师梦想指日可待。你要相信这样一句话，只要充分准备，就能创造就业奇迹。"

理论阐述：在日常生活中，我们常常听到这样一句话"不打无准备之仗"，打有准备之仗显然是一种克敌制胜的谋略，人的职业生涯又何尝不是如此，就业机会是为那些有准备的人而设置的。大学生在求职过程中缺乏充分准备是一种较为常见的现象，诸如，向企业投递简历，不知道自己应聘什么岗位；应聘某一岗位，不知道该岗位做什么工作，对求职者的知识、能力、智慧有什么要求；在企业面试时不知道着什么装，不知道如何回答主考官的提问等。由于缺乏必要的准备，导致求职者在求职中遭遇挫折和失败，这类事例不胜枚举。作好就业的充分准备，有利于求职者进入就业状态。求职者能否进入就业状态，将直接影响他们求职是否如愿，职业能否发展。求职者应作的准备包括学会找准自己的职业定位，学会认同企业文化，学会遵守企业规章制度，学会用岗位职责规范自己的行为。作好就业的充分准备，有利于求职者应聘成功。有的求职者在面试之前作好充分准备，如通过浏览招聘单位网站，详细了解企业；对主考官可能问到的问题进行梳理，并进行预演；对面试的情绪进行充分调适等，这种充分准备有利于求职者应聘成功。

方法指导

（1）积极认同就业准备观念　观念是行为的先导。只要充分准备，就能创造就业奇迹。只有积极认同就业准备观念，才能在思想上高度重视就业准备，并付诸行动。有的应届大学毕业生参加面试，对主考官所提出的问题一无所知，究其原因乃是就业准备观念淡薄。

（2）就业准备要体现在行动上　就业准备不仅要体现在思想上，更要体现在行动上。诸如，要了解应聘单位，就要浏览企业网站；要提高面试成功率，就要对表达能力进行演练等。只有将各项就业准备落实在行动上，这种就业准备才最有效果。

（3）就业准备多多益善　应届大学毕业生就业准备涉及的领域较多，如就业的思想准备、心理准备、知识准备、能力准备等。就业准备所涉及的领域愈多，则愈有利于求职者应聘成功和职业发展。

2　初涉职场多尝试

小王：“我是位学金融专业的本科生，毕业后，曾经在一家金融机构从事理财咨询工作，虽是理财，但实际上做的是销售工作。做了两个月就辞职了，原因是我不愿意做销售，我想从事人力资源管理工作，但我参加企业应聘时，招聘主管说我没有人力资源管理经验，将我拒之门外。在职业发展方向上，我感到很迷茫，请问我该如何选择自己的职业发展方向？”

姚先桥：“应届大学毕业生对职业发展方向感到迷茫，我非常理解。在就业形势较为严峻的社会大背景环境下，仍然有一个职业定位问题。而要做好职业定位，我认为大学生应该多尝试几个职业。譬如，你学的是金融专业，建议选择应聘金融机构从事理财或投资顾问职业，如果你认为这两个职业不适合你未来的职业发展，可以尝试从事人力资源管理工作，如从事企业员工招聘、培训等工作，如果你认为这个工作也不适合，可选择其他职业。总之，当你自己还不知道该从事什么职业时，就应当不断尝试。当尝试了多种职业后，就应该最终选择同自己所学专业、个人发展潜能相吻合的专业工作作为相当长时间内从事的职业。”

理论阐述：初涉职场多尝试，是对应届大学毕业生求职并寻找同自己所学专业、职业爱好、职业倾向等相吻合职业的一个重要理念，值得应届大学生铭记和躬行。尝试多种职业，是认识自己职业理想、爱好、倾向和了解职业性质、工作内容、工作要求、行为规范的一个有益途径。任何一个大学毕业生，要想找到一个最能适合自己专业知识积累、与职业爱好相吻合的职业都不可能一次完成，往往需要不断尝试，即在从事职业具体工作的实践中找到并确定自己职业发展的方向和目标。美国德基创始人——哈伦德·山德士就是通过不断尝试最终选择经营快餐连锁服务业的。青年时代，他成了一家餐馆的主厨，可那家餐馆因政府修公路而被拆了，于是他失业了。65岁那年，邮递员送来了哈伦德·山德士的第一份社会保险支票，他用这105美元保险开始了自己一份崭新的事业，这就是经营肯德基快餐食品店，并取得经营上的成功。哈伦德·山德士的成功，就是他职业尝试的成功，他不畏失败的精神值得应届大学毕业生学习。有的大学毕业生之所以难以找到适合自己专业才能发展方向的职业，其原因在于他们尝试的职业太少，人的职业理想和才干就像一块璞玉，只有通过不断雕琢，才能判断这块玉是否是一颗宝玉。

方法指导

（1）不要恐惧尝试职业的失败　有的应届大学毕业生不敢尝试多项职业，一个心理原因是恐惧尝试求职与工作的失败。尝试从事多项职业，其失败是非常正常的，同时也是必须付出的代价，因此，求职者要建立和保持良好的尝试求职与工作的心态。尝试求职与工作固然不一定能够找到自己称心如意的职业，但不尝试求职与工作就肯定找不到称心如意的职业。

（2）要科学地尝试多种职业　初涉职场多尝试，并不主张应届大学生盲目、随意选择职业，而是要理性尝试职业，尽可能尝试那些同自己所学的专业知识、个人职业倾向、能力相吻合的职业。譬如，学电子信息与工程专业的大学生，可以选择电子信息技术与产品开发的职业，这种尝试职业的行为就很科学，能有效避免尝试职业的失败。

（3）在尝试中定位职业　大学生尝试职业是选择定位职业的必然过程，尝试职业是手段，定位职业才是目的。即在经过两至三年的时间里，通过尝试多种职业深化对自己专业才能和职业倾向的认识和相关职业的认识，最终确定自己所从事同自己才能发展相吻合的职业，因此，大学生在尝试职业过程中千万不能忽略职业定位。

3 求职者当自强

小王：“我是从农村考进大学的，是农民的儿子，在武汉举目无亲，无依无靠，没有任何亲友能够帮助我就业，对此，我感到很郁闷，我不知道该如何面对和解决就业问题？”

姚先桥：“我非常理解你因现在就业面临的困难所存在的苦闷心理，但我绝不认同你因为是一个农民的儿子，得不到任何亲友的帮助而产生的消极求职心理。你要自信一些，应当为自己是一个农民的儿子而感到骄傲！”

小王：“我怎么一点高兴不起来，你是否在忽悠我？”

姚先桥：“我并不是在忽悠你。成才与成功是没有出身之别的，新东方学校的创始人俞敏洪就是一个地地道道农民的儿子，他所创造的成就和拥有的财富远远超过了官员、教授的子女。俞敏洪有一句话值得我们铭记：‘如果没有路，我们可以踏出路；如果前面有一片海洋，那么就静下心来造一艘船。’凡事依赖父母‘关系’、‘靠山’的人，他们可能不愁解决就业问题，但他们很难在职业发展上获得超越常人的成就。从这个角度分析问题，我们可以得出这样一个结论：没有在大树下乘凉的人，其职业发展远胜于那些躺在大树下乘凉的人。农民的子女由于没有‘关系’、‘靠山’，他们因而更渴望改变自己，更勤奋努力，这将促使他们在职业发展上有所作为。”

小王：“谢谢你鼓足了我求职的自信心！”

理论阐述：如何正确面对没有父母“关系”、“靠山”帮助的问题，是求职者，尤其是从农村考进大学的毕业生应当思考的问题。伴随用人单位招聘、录用员工日益趋向公平、公开、公正的竞争，那些缺乏父母“关系”、“靠山”关照、呵护的求职者，不仅没有劣势，反而会成为优势。中国古代哲学家老子在《道德经》中说：“物或损之而益，或益之而损。”这句话的意思是说：事物有的减损了反倒增加了好处，有的增加了好处反倒减损。这就是事物的辩证法。中国有富不过三代的说法，个人的职业发展同家庭环境的关系也是如此。家庭经济条件和环境太优越，在一定条件下，不仅不是子女成长、成才的沃土，反而是子女成长、成才

的包袱，这就是老子所说“益之而损”的道理，而那些生于贫困家庭的子女，在一定条件下往往能激发其子女发愤图强的内在动力，从而战胜人生与职业生涯的种种艰难困苦，取得令人瞩目的成就。因此，那些没有父母“关系”、“靠山”的求职者，大可不必自惭形秽，甚至怨天尤人，在一个逐渐走向公平、公开、公正、优胜劣汰的人才竞争的社会发展大环境下，凭个人的能力、业绩“说话”，将逐渐取代凭“关系”、“靠山”、“说话”。

方法指导

（1）不要怨天尤人　在解决求职问题上，怨天尤人是无济于事的，怨天尤人只能说明自己缺乏求职能力和职场生存能力。大学生要勇敢担当求职与工作的种种艰难困苦，如果持有这种求职心态，相信企业招聘主管会投以欣赏的目光。反之，如果抱有怨天尤人的心态，则会丧失诸多宝贵的求职与工作机会。

（2）不断反省自己　应届大学毕业生求职应聘难免会遭遇失败，这很正常，但需要反省自己。是企业选择错了，还是岗位选择错了；是参加面试过于紧张，还是回答问题存在缺憾等，只有找到求职应聘失败症结之所在，才能有效增强求职应聘能力，从而提高求职应聘的成功率。

（3）提高就业能力　提高就业能力要在认识自己和认识职业上下工夫。有的求职者对自己缺乏认识，如对自己的兴趣、专长以及最想从事的职业“一头雾水”，有的求职者对职业的认知非常肤浅，不知道某个职业对从业者专业知识、技能和经验的要求。一个不能认识自己和职业的求职者，是难以寻觅最适合自己才能发展职业的。

4　从基层工作做起

小陈：“我在大学学的是机械制造与自动化专业，我的职业理想是做一个机械工程师。在大学期间，曾到企业实习过两个月，我现在正在找工作，你认为我该如何定位自己？如何谋求职业生涯的发展？”

姚先桥：“你是工科大学生，我给你的职业定位是机械工程师，在企业从事机械产品（或设备）的设计和生产与技术管理工作。如果你现在要找工作，我建议你从基层工作做起，包括在企业的生产车间工作。”

小陈：“我担心在生产车间工作后，很难回到产品开发部从事机械产品设计工作，不利于实现我的职业发展目标。”

姚先桥：“你的担心没有必要，从事机械产品设计工作，需要到生产车间增长实践知识，如产品生产的工艺、产品生产的质量控制、产品生产设备等知识。如果一个产品设计者，对产品生产知识一点都不了解，那么他将很难成为一名机械工程师。你能从基础工作做起，潜心在生产车间工作一至两年，深入学习产品生产知识是非常有必要的，这将为成就你机械工程师的职业发展目标奠定坚实基础。确定并追求职业发展目标是值得肯定的，但也要认识实现这个目标的长期性和艰巨性，任何一个人职业生涯发展目标的实现，都不是一两年的事情，往往要付出10～20年乃至更长的时间积累，从这个角度分析用两至三年时间从基层工作做起是非常有必要的，不要担心它对你实现职业生涯发展目标有什么负面作用。”

理论阐述：大学生就业要从基层工作做起，这是一种带有规律性的认识成果，具有普遍的指导意义。万丈高楼平地起，我们任何一个人职业生涯及其成功都是从基层做起的，要想成为高级工程师，就应从技术员开始做起，要想成为一名将军，就得从战士做起，要想成为一名营销总监，就得从业务员做起。主张大学生就业从基层做起，从根本上来说，是为了他们在职业生涯中获得循序渐进的发展。一般而论，职业生涯的基础打得愈扎实，其成长、成功的空间就愈高。只有将基层工作了解透了，做事到位了，才能开始做比较复杂和难度较高的工作，这就是循序渐进。倘若一位学机械制造专业的大学生，对机械产品生产工艺流程都一无所知，在企业难以成为一名优秀的机械工程师。

方法指导

（1）调整心态　大学生就业从基层做起，有一个调整心态的问题。有的大学毕业生对从基层工作做起的观念不屑一顾，认为自己是干大事业的，这种就业心态需要调整。大学毕业生想干大事业，同从基层工作做起并不矛盾，把基层工作的小事情做好，就能为今后干大事业打好基础，因此，大学毕业生要培养乐于从基层做起的心态。只有心态调整好了，才能在基层工作领域增长知识和才干。这种从基层积累的知识和才干，都是未来干大事业的资本，其价值是不容低估的。

（2）耐得住寂寞　基层工作大多是琐碎的、重复的，很难给人以快乐和挑战

的感受，产品研发人员在生产车间了解产品生产工艺流程是琐碎的，营销员拜访客户是重复的，因此，大学毕业生要培养耐得住寂寞的职业操守。只有耐得住寂寞的人，才能在基层工作中有所学习、有所积累，才能赢得未来的职业生涯发展。

（3）积累经验 很多企业要求大学毕业生从基层做起，其目的是为了大学毕业生积累基层工作经验。积累基层工作经验是最有价值的，它如同建造职业生涯大厦的基石，因此，大学毕业生要有意识地在企业基层工作过程中积累经验，为未来职业生涯发展奠定基础。这无疑是职业生涯的大智慧。

5 增强敬业观念

小张："我是学会计专业的，毕业后在一家企业从事会计工作，如制作各种财务报表。我工作比较粗心，偶尔会把数据弄错，领导曾多次批评我，对此我很郁闷。请问我该如何改变比较粗心的缺点？"

姚先桥："从事财务工作一定要认真、细心和严谨，将财务报表数据弄错了，这是对工作不认真、不细心、不严谨的表现。如果不能有效克服这种不良行为，那么这种不良行为就会形成一种不良的工作习惯，当形成不良习惯的时候，你想要改变将是一件极为困难的事情，因为习惯具有吞没一切的巨大力量。这一点你必须引起高度重视。"

小张："请问，我该如何改变这种不良的工作习惯？"

姚先桥："行为及其习惯源自于人们的观念，有什么样的观念，就有什么样的行为及其习惯。你要改变工作粗心的行为，就要增强敬业观念。敬业观念就是要以敬畏、认真、细心、严谨的态度对待职业。工作粗枝大叶，说到底是敬业精神的缺失。因此，你要改变工作粗心的不良工作行为，就要增强敬业观念。"

理论阐述：我国著名画家吴冠中就是一位具有敬业观念的人。吴冠中曾有"中国最贵画家"之称。2010 年，他的油画长卷《长江万里图》在北京举行的春拍会拍出了 5712 万元，刷新了他个人作品的最高价，也创下了内地中国油画作品拍卖最高价。曾有人统计，吴冠中作品的总成交额达到 17.8 亿元。尽管他的作品拍卖价居高不下，但是他对自己稍有瑕疵的作品从不轻易出手，而是销毁，令人惊异的是他恰恰在作品走红时销毁行动更强劲。吴冠中绘画的一生上演了无数的烧画事件。20 世纪 50 年代，吴冠中创作了一组井冈山风景画，后来他翻看手头原作，感到不满意，便连续烧毁。1966 年，吴冠中把自己回国后画的几百幅作品全部烧掉，此举被海外人士称为"烧豪华房子"的毁画行动。吴冠中对这一豪举给出的解释是保留让明天的行家挑不出毛病的画，"作品表达不好一定要毁，古有'毁画三千'的说法，我认为那还是少的。"吴冠中的毁画行动折射出他浓厚的敬业观念，岂能使那些在工作中得过且过、粗枝大叶的人汗颜。

方法指导

（1）认同敬业观念　增强敬业观念，首先要认同敬业观念，即相信敬业观念及行为在促进个人职业发展中的作用，并铭刻在大脑里，成为规范自己日常工作行为的指南。而那些对敬业观念持怀疑甚至否定态度的人，是不可能从根本上增强敬业观念的。在职场上，有的人将工作当儿戏，缺乏敬畏感，其根本原因在于他们对敬业观念不认同。

（2）躬行敬业观念　增强敬业观念不能仅仅停留在思想上，要体现在行动中，说得好不如做得好。一个职场人只有将敬业观念落实在实际行动上，才是最有价值的。在行动上体现敬业观念，比在思想上增强敬业观念更为重要。因此，增强敬业观念一定要在躬行敬业观念上下工夫。

（3）培养敬业习惯　古希腊哲学家亚里士多德说过，人们的行为总是一再重复，习惯性的优秀才是真正的优秀。增强敬业观念要延伸在培养敬业习惯上，如培养工作认真、严谨、尽责的习惯等。习惯具有稳定性和固化性，敬业习惯一旦养成，诸多敬业的行为就会固化在日常工作之中，不断促进个人职业的发展与成功。

6　高度重视品德修养

小黄："我是一家服装公司的销售员，公司是生产制服的。我的工作主要是拜访客户，同客户签订单，为客户提供量身定做的制服产品。我的销售能力比较强，但有一次我将公司同客户成交的一笔生意，转给了其他公司我的一位朋友，俗称'飞单'，后来单位领导知道此事，给予了我严肃批评。这种行为不仅影响了职业发展，而且也影响了销售业绩。我知道这种'飞单'行为不好，请问我该如何改正这种不良行为？"

姚先桥："导致你'飞单'的行为，无非是你的那位朋友接到你介绍的这笔业务后，给你一笔较为可观的好处费。这种‘飞单’行为严重背离了职业道德。你作为一个职场人士，绝不可忽视自己的品德修养。一个人在知识和能力方面有缺点，譬如，对某种知识理解有错误，在某项能力上存在不足等，领导或员工往往能够理解和宽容，但在品德层面绝不能有污点，如果有污点，你的职业生涯发展就会受到制约，因为任何一个企业领导都很难信任和重用在品德上有污点的人。没有企业领导的信任和接纳，就不会有职业生涯的发展。你的‘飞单’行为影响了你的销售业绩就是佐证。试想，有谁愿意同一个品德不好的人做生意呢？”

小黄：“通过这件事，我知道自身品德素质存在问题，你认为我该怎样提高自身品德素质？”

姚先桥：“深刻认识‘飞单’行为问题的严重性，坚决抵制非正当利益的诱惑，杜绝此种行为再次发生。”

理论阐述：高度重视品德修养，是职业生涯的一种重要智慧。个人品德修养的程度，可以决定个人职业生涯发展的高度。个人品德修养低的人，其职业生涯发展的高度将是极为有限的。个人品德修养包括思想、价值观、职业道德和行为规范等。高度重视品德修养，就能使我们在道德品质方面受到企业领导、员工和客户的认同、尊重和信任，这是发挥自身才能、提高工作能力和业绩的一个不可缺少的因素。如果不重视品德修养，导致道德品质存在污点，那么，发挥自己才能、提高工作能力和业绩就会出现严重障碍。企业从事销售的人员如此，从事管理的人员也是如此。有的人在职业发展问题上存在一种误区，认为对于个人职业发展来说，知识与才能是第一位的，个人品德是第二位的，甚至可以忽略不计，这种思想无疑是有害的，因为这种思想将会把职业生涯道路引向歧途，走上一条背离职业生涯发展的道路。

方法指导

（1）不要把品德修养当儿戏　有的人把学习知识、提高工作能力在职业发展中的地位看得很重，而将个人品德修养看得很轻，甚至不屑一顾，这种思想是极为有害的。如果谁将品德修养当儿戏，那么，谁的职业生涯必将为此付出代价。重视品德修养同提高个人工作能力和业绩并不矛盾，良好的品德修养能引领个人职业发展，而拙劣的品德则会葬送人的职业生涯发展空间。

（2）提高品德修养要从点滴小事做起　一个人品德素质的高低，可以从他在工作中的点滴小事中折射出来，并能加以评判。对工作尽责，对他人诚信，处理问题坚持原则等，都是评判品德修养是否优秀的重要依据。只有从点滴小事做起，品德修养才会达到一个较高的境界。

（3）及时改正品德上的污点　人非圣贤，孰能无过，问题的关键在于能否正视和改正品德上的污点。所以，在职业生涯发展过程中，品德上有污点并不可怕，可怕的是看到自己品德上存在的污点不能及时改正。因此，及时改正品德上的污点，是高度重视品德修养的一种表现。

7　诚信重于能力

小王：“我是2012年应届大学毕业生，我发现有的应届大学生在撰写简历上有造假行为，如没有参加任何实习却在简历上写到××公司实习两个月，又如论文没获过奖却有论文获奖复印件等，你对这种现象怎样看？”

姚先桥：“这是应届大学毕业生在求职时采取的非诚信行为，我坚决反对这种行为。”

小王：“为什么呢？难道诚信就那么重要吗？”

姚先桥：“一个在道德品质上有缺陷或污点的人，无论他的才能有多高，工作业绩有多优秀，都很难得到领导和同事乃至社会的认可。有才无德的员工在职场上不可能走得很远。有德有才是正品，有德无才是次品，有才无德是毒品。一个员工如果道德品质败坏，那么，这位员工的职业发展也就到了尽头。这其中的道理很好理解，例如，在企业里道德品质败坏的技术人员会将企业产品研发的技术秘密向竞争对手透露；道德品质败坏的市场营销人员会以欺骗的手段获取企业的借款，如此等等。”

理论阐述：“车无辕而不行，人无信则不立。”诚信既是我们做人的底线，也是我们做好工作应遵循的基本原则。2012年7月29日《京华时报》报道北京化工大学生命科学技术学院某教授简历造假，数篇重点论文均是国外同名学者的成果。和一般的“剽窃”和“伪造假的求学经历”不同，这名教授的“造假手段”可以说是信手拈来。这个案例启示我们，员工既要有能力，更要诚信，如果把能力视为“才”，那么诚信就属于德的范畴。诚信重于能力，员工的能力很优秀，但缺乏诚信，这种员工是很难被企业重用的。

方法指导

（1）认同诚信重于能力的价值观 有一个什么样的价值观，就有什么样的行为。认同诚信重于能力的价值观，有利于提高员工的道德品质。员工的道德修养一旦提高了，也必然会使工作能力和业绩得到提高。德才兼备的员工是最有职业发展潜力的员工，有才无德的员工很难获得职业发展。

（2）从点滴小事培养诚信 勿以善小而不为，一个员工的诚信行为总是通过点滴小事体现出来的。例如，员工在工作中向领导和同事兑现每一个承诺；向上级汇报工作时，不夸大自己的工作业绩；推荐产品时，不向客户提供虚假信息等。当我们在每一件小事上培养诚信及行为习惯时，我们就会在领导、同事和客户面前展现诚信的形象。

（3）自觉遵守企业管理制度 企业管理制度对员工思想道德观念、职业道德行为具有很强的指导性和约束性，对于提高员工的道德品质具有良好的引导和规范作用。因此，作为一个企业员工，在工作中要自觉遵守企业管理制度，并外化在自己的工作行为之中，这对于提高员工道德品质的作用不可小视。

8 向标杆学习

小丁：“我在一家企业从事销售工作，大学学的不是市场营销专业，也没有市场销售经验，请问我应该如何学习和掌握市场营销技能？”

姚先桥：“你这个问题提得很好，没有市场营销专业知识和工作经验，完全可以通过学习营销理论和实践来领悟和掌握，对此你不要过于忧虑，你要担心的是自己如何尽快进入学习的状态。”

小丁：“你认为采取怎样的学习方法更有效果？最能领悟销售之道？”

姚先桥：“阅读市场营销专业书籍，积极参加营销工作实践，这些都是良好的学习方法，还有一种更好的学习方法，就是向标杆学习的方法。即我们要瞄准企业的一位标杆人物，譬如你所在企业的营销精英，向标杆学习就是向成功者学习。你在从事销售工作过程中，不妨看着企业的营销高手，观察他是如何拜访客户并与客户洽谈的，然后去模仿他的一言一行，并持之以恒，那么时间长了，你也会逐渐成为一名营销高手，这是最有效的学习方法。榜样的力量是无穷的，只要我们善于以企业的标杆人物为榜样，潜心向他们学习，就一定能成为一名优秀的员工。”

理论阐述：有一句话可以诠释向标杆学习的价值，即“读万卷书，不如行万里路，行万里路，不如阅人无数，阅人无数，不如高人指路”。在企业能被称为标杆人物的，无疑能列入高人之列。作为普通的职场人，其素质与企业标杆人物比较则相形见绌，无论在思想、观念、工作态度、能力和业绩等方面都存在较大的差距，普通的职场人要弥补与企业标杆人物差距的一个有效途径就是潜心向标杆人物学习。通过学习，将标杆人物的思想、观念、工作态度、能力和业绩，复制到自己的大脑和行为之中，从而使自己站在企业标杆人物的肩上，最终成为企业标杆人物。

方法指导

（1）克服舍近求远的心理　向企业标杆人物学习，要克服舍近求远的心理。有的人认为，企业内的人不值得学习，这是一种思维误区，企业标杆人物是职场人学习的好榜样，如果能潜心学习他们的思想、观念、良好的工作态度、能力和工作行为习惯，并长期坚持不懈，就一定能够在企业中脱颖而出。

（2）学会观察标杆人物的一言一行　向标杆人物学习，要从观察他们的一言一行开始，通过观察他们工作的一言一行，可以达到耳濡目染的教化作用。当我们将标杆人物的一言一行铭刻在自己的大脑里，并躬行外化于行为时，我们就会逐渐成为标杆人物。

（3）做标杆人物所做的事情　企业标杆人物是做出来的，不是说出来的。在职场，要想成为企业标杆人物，就要在做上下工夫，只有做标杆人物所做的事情，才有可能成为标杆人物。譬如，在企业里想成为一个生产能手，就要做企业生产能手所做的事情，如他们是如何操作设备的，我们就如何操作设备，只有在做的过程中复制标杆人物的工作行为，我们最终才会成为企业标杆人物。

9 知识面窄将制约职业发展

小李：“我是一名大学毕业生，专业是英语，已经考过了英语六级。我最近

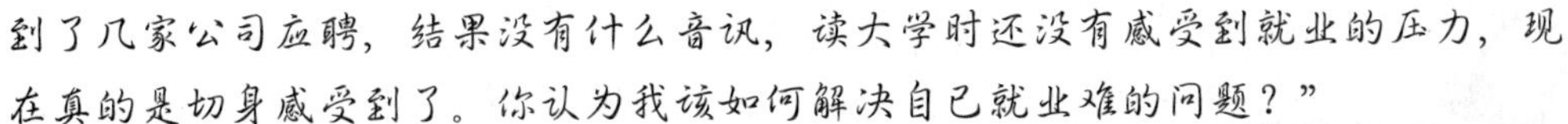

到了几家公司应聘，结果没有什么音讯，读大学时还没有感受到就业的压力，现在真的是切身感受到了。你认为我该如何解决自己就业难的问题？”

姚先桥：“英语专业毕业的，除了掌握英语专业知识外，还要积累非专业知识。请问你爱读书吗？”

小李：“大学学英语，没有积累其他专业知识，平时我不爱读书，但喜欢看电视，非常喜欢看电视剧等。读书和求职有什么联系呢？”

姚先桥：“对于你的求职和就业来说，积累非专业知识太重要了，与你求职与就业的关系有很密切的联系。你求职遇到的困难甚至困境，根本原因在于你在非英语专业知识方面没有什么积累，知识面窄不仅制约了求职与就业，而且还会制约你未来的职业发展，这绝非危言耸听。”

小李：“我现在有英语专业知识，为了实现就业和实现职业生涯发展，我该如何积累非专业知识呢？”

姚先桥：“这取决于你的职业倾向、职业定位以及专业知识积累和个人爱好因素等。你有良好的英语专业知识，建议你积累国际贸易专业知识，为未来从事国际贸易工作作好充分准备，这项工作可以发挥你的英语专业知识所长，这是一个选择。另一个选择是从事文字翻译工作，如在企业从事国外资料翻译工作，你若选择这项职业，那么就要积累某类工科专业知识。例如，你想从事电动汽车技术资料的翻译，那么就应该积累有关电动汽车的专业知识，这种专业知识的积累不仅有利于求职的成功，更能够推进职业生涯的发展。”

理论阐述：英国哲学家培根有一句名言：“知识就是力量。”新东方学校创始人俞敏洪曾说：“新东方有一句话：底蕴的厚度决定着事业的高度。什么叫底蕴？是你读了多少书，走了多少路，这就是底蕴。”在知识经济时代，知识的力量在求职乃至整个职业生涯发展过程中所发挥的作用更加显著，尽管有知识者不一定能获得求职成功以及职业生涯的发展，但缺乏知识者的求职常常会以失败而告终，在职业发展上也会遭遇困境。有的大学生在应聘过程中缺乏竞争实力，一个根本原因就是知识缺乏。想从事市场营销的，不知道如何拓展目标顾客，不知道怎样维护顾客关系；欲从事人力资源管理的，对绩效考核和职业生涯管理知识知之甚少，如此等等。在知识经济条件下，如果一个人的知识面太窄，就无法与知识丰富的人沟通和合作，就无法应用更多的知识解决本职工作中面临的问题。因此，要想获得职业生涯发展，就必须扩大知识面，使自己成为一个知识渊博者。

方法指导

（1）培养读书习惯　读书是获得知识的一个主要途径，要积累营销知识，就要阅读营销专业书籍，积累知识贵在培养读书习惯，使读书成为个人的一种生活方式。培养读书习惯包括：精选好书的习惯、记读书笔记的习惯和乐于分享的习惯。一旦读书的习惯养成了，将会使我们受惠一生。

（2）理论联系实际　理论联系实际是积累知识的一个重要法则。学习任何知识都要立足于实际。理论联系实际就是要联系工作实际、联系需求实际。譬如，要学习人力资源管理知识，就要同思考、解决企业人力资源管理实际问题结合起来。任何脱离工作和需求实际的理论学习，都会降低学习知识的效果。

（3）学会应用知识　学习知识的最高境界是运用知识。毛泽东主席曾说：读书是学习，使用也是学习，而且是更重要的学习。学习任何知识都要着眼于应用，应用于实际工作中，解决实际问题，提高工作业绩，这是学习的最终目的。而为考证或职称而学知识的行为，是很难达到学习知识最终目的的。

10 珍惜专业知识积累

小张：“我是武汉大学的一名大学生，所学专业是计算机与电子信息，明年毕业以后，我将选择市场营销职业。在大学期间参加社会活动中，我发现自己乐于推销产品，做一个销售员或销售经理对我很有吸引力。如果我选择市场营销工作，从现在开始，我该作好哪些准备？”

姚先桥：“市场营销是一门科学，其知识门类很多，如营销策划、消费心理与行为、渠道管理、品牌管理等。你如果没有市场营销专业知识的积累与储备，将来很难成为一个卓越的营销人。因此，弥补专业的市场营销知识应当是你未来选择市场营销职业的第一项准备。另外，你还需在营销实践中培养市场营销能力。市场营销是一门实践学科，光学不练是不行的，如何发现和把握消费者需求，如何认识消费心理与行为规律，怎样与客户进行商务沟通与谈判等，这些能力需要在营销实践中才能得到提升，这种营销能力上的准备更为重要。”

小张：“除了在上述两方面作好准备之外，我在职业生涯发展方向上该如何定位？”

姚先桥：“你如果要选择市场营销职业，我建议你定位在计算机与电子信息产品的市场营销上，这样能够发挥你计算机与电子信息专业知识积累的优势，有了这个优势，销售电子信息产品就有专业技术背景，容易同顾客沟通，容易掌握产品性能、功能等方面的专业知识，更容易在市场营销职业生涯中脱颖而出。请你一定要珍惜专业知识的积累，而不要轻易放弃。”

理论阐述：专业知识，尤其是在大学所积累的专业知识，是谋求就业和职业发展的重要基石，这个基石愈厚重，其带给我们就业和职业发展的空间就愈广阔。我国著名科学家钱伟长在他50余年的职业生涯里，先后投身于弹性力学、航天科学、土木工程、自动化等多个领域，并在上述领域取得令人瞩目的成就。钱伟长的科研成就源于青年时代在清华大学所学的物理学专业知识。大学生在选择职业和谋求职业发展中，不要忽视专业知识积累的作用。有的大学生在求职过程中，随意选择工作岗位，诸如学工程管理专业的偏要选择市场营销专业岗位，而学市场营销专业的偏要从事行政管理工作，如此等等。这种求职行为既不利于求职的成功，更不利于职业发展，这种现象值得求职者或职场人士高度警惕。任何轻视专业知识积累在求职和职业发展中作用的行为，都将犯战略性的错误，其负面影响，轻则将在就业中遭遇种种挫折，重则会贻误整个职业生涯发展。

方法指导

（1）慎重选择职业　“女怕嫁错郎，男怕入错行”这句俗语启示我们慎重选择职业的重要性。那种不审视自己有何专业知识、技能，就应聘某种职业的行为，是一种盲目、随意的行为，其结果必将给自己职业生涯发展带来负面影响。慎重选择职业的一个重要方法就是要客观审视自己的专业知识、技能同所选择的职业能否有效匹配。

（2）珍惜专业知识积累　大学生在大学所积累的知识是求职和职业发展的基石，倘若离开了这个基石，那么，求职和职业发展就如同建立在沙丘上。从事机械设计职业，离不开机械设计专业知识的积累；从事市场营销职业，离不开市场营销知识的积累，如此等等。随意放弃专业知识积累的人，或迟或早会在求职和职业发展中遭遇困境。

（3）学会应用专业知识　拥有专业知识，仅仅只能说明在求职和职业发展上有一定的资本，并不能说明能够在职场上具有竞争力，甚至保证在职业生涯中有所发展。学会应用专业知识比拥有专业知识更重要，能够应用专业知识是一种将专业知识用于解决工作中实际问题的能力。这种能力愈强，愈能彰显在职场上的竞争力。

11 用知识打造职场竞争力

小刘："我是 2007 年毕业的大专生，学的专业是计算机科学与技术。毕业后，在一家企业销售纯净水，一年后我应聘一家企业销售橱柜，工作一个月，因没有签到一笔单，被迫离开了企业。"

姚先桥："你学的是计算机科学与技术专业，毕业后为什么不选择计算机相关职业，如从事计算机相关产品销售职业？"

小刘："我认为从事计算机相关职业没有前途，当然，我的专业知识学得并不扎实，你认为我选择什么职业最好呢？"

姚先桥："请问你从事销售职业，阅读过几本市场营销专业书籍？《销售与市场》杂志可否读过？你一年在新华书店买几本书？"

小刘："关于市场营销专业的书籍我读过两本，《销售与市场》杂志我没读过，每年在新华书店买两本书。我有点不明白，买书、看书同求职、职业发展有什么联系？"

姚先桥："买书、看书同求职、职业发展的关系太密切了。书籍是人类知识的结晶，职场上的竞争归根到底是知识积累的竞争、转化知识的竞争和应用知识的竞争，而积累知识是基础，积累知识的一个重要途径就是买书和看书。一个买书、看书很少的人，其职场竞争力是很有限的。譬如，一个营销员的业绩同他所积累的营销知识有密切联系，试想如果一个营销员对营销的基本理论知识，如目标市场、顾客细分、顾客关系管理和品牌化营销等知之甚少，怎么可能胜任营销岗位工作。当然，仅买书和看书是不够的，要将知识转化为工作能力。用知识打造职场竞争力，应放在将知识转化为工作能力、业绩这个层面上，要达到这个层面，买书和看书就是一个前提条件。"

理论阐述：在知识经济时代，没有比学习、领悟和应用知识更重要的了。美国微软公司一直雄居世界计算机软件产业发展的领先地位，就是因为美国微软公司有一支软件开发领域的知识型员工。用知识打造职场竞争力，是每一个职场人士必须高度重视的问题。用知识打造职场竞争力，不仅仅指阅读书籍或知识积累，还包括学习、领悟知识，转化、应用知识，后者更为重要。用知识打造职场竞争力的重要因素在于提高学习能力，这包括阅读、记忆知识能力，领悟、应用知识能力，其中阅读、记忆知识能力是基础，领悟、应用知识能力是关键。因此，一个没有学习能力的人，其知识积累和应用能力将是苍白的，一个缺乏知识积累、应用能力的人，在职场上注定是缺乏竞争力的。

方法指导

（1）认同知识价值　有的求职者或职场人士缺乏买书、看书的意识，其根本问题是对知识的价值存在认识误区，即认为看书、积累知识同自己就业和职业生涯发展没有什么联系。知识是有价值的，人的工作能力、业绩同知识积累、应用是紧密联系的。没有知识的积累与应用，人的工作能力、业绩提高就是无源之水、无本之木。

（2）培养学习习惯　知识积累在于学习，学习需要培养学习能力，提高学习能力的关键在于培养学习的习惯。习惯的优秀才是真正的优秀，当我们将学习当做一种工作方式时，那么，学习就成为了一种习惯，用知识打造职场竞争力就有了坚实的基础。

（3）善于应用知识　用知识打造职场竞争力，要善于应用知识。通过应用所学到的知识，解决本职工作存在的问题，为提高工作能力和业绩服务，是用知识打造职场竞争力的中心环节。

12 用实力迎接挑战

小刘："我是读计算机应用专业的大学生，现在刚毕业，我想从事记者职业，你认为我能选择这个职业吗？"

姚先桥："最了解你的莫过于你自己，你学的是计算机应用专业，如果能在计算机行业从事计算机技术开发工作，将是一个不错的选择。你为什么想当记者呢？你有这方面的准备吗？"

小刘："我有这方面的准备，我在读大学的时候就经常投稿，发表文章，而且我很乐意从事记者工作。你认为我选择记者职业是否可行？"

姚先桥："这当然取决于你自己。你可以参加应聘，到企业寻求就业机会。不少中小企业都有企业文化内刊，他们对记者是有需求的，你要具备考官当场出题，写新闻稿、随笔的能力，如在规定的主题、时间要写多少字的文稿，如果我是考官，也会安排这样的实战考核环节，你应该以实力迎接企业的挑战。"

小刘："这样的考核场景我想过，我更希望企业会用这样的方式向我挑战，因为我不怕挑战，失败了我还会重来。"

姚先桥："我很欣赏你的自信，请你记住，唯有自己具有实力才能赢得用人单位信任和录用。"

理论阐述：企业相信从业者的实力，而非单一的学历或文凭，这应成为每个求职者和职场人士铭记和躬行的价值观。而要评价、考核一个职场人士的实力高低，一个重要指标就是看其工作业绩在企业员工群体中是否优秀，因此，在能否为企业创造业绩的评价标准面前，学历或文凭的价值就显得尤为苍白无力。由用实力迎接企业挑战这个话题，使我想起了一则故事：有一个青年画家，由于功夫不够，生性又草率，画出来的画总是很难卖出去，他看到大画家阿道夫·门采尔的画很受欢迎，便登门求教。他问门采尔："我画一幅画往往用不了一天的时间，可为什么卖掉它却要等上整整一年？"门采尔沉思了一下，对他说："请倒过来试试。"青年人不解地问："倒过来？怎么倒过来？"门采尔说："对，倒过来，要是你花一年的工夫去画一幅画，那么，只要一天工夫就能卖掉它。"青年画家接受了门采尔的忠告，回去后苦练基本功，深入生活收集素材，周密构思，用了近一年的工夫画了一幅画。果然，不到一天的工夫画就卖掉了。在这则故事中，青年画家用一年工夫画一幅画，不到一天工夫画就被卖掉了，这就是实力的表现。这启示求职者或职场人士，唯有实力才是求职者或职场人士的核心竞争力。因此，积累与培养自己的实力，永远是求职者或职场人士的第一要务。大学毕业生要想能赢得企业的青睐，唯有靠实力说话，这个理念值得大学生以及职场人士铭记。

方法指导

（1）树立实力观念　实力能反映一个人的工作能力，能为企业创造工作业绩，实力能代表一个人的职场竞争力。因此，树立实力观念，有利于我们认同和躬行实力的价值观，有利于我们把有限的时间和精力聚焦到提高工作能力和工作业绩上，从而不断增强实力。

（2）不断增强实力　一个职场人士实力的打造不是一天完成的，实力的培养需要长时间的积累。不断增强实力，一是要经常总结。只有不断总结工作经验，才能更好地指导工作。二是要经常反省。只有经常反省工作，才能更好地完善工作。三是要经常学习。只有经常学习，才能更好地适应新的工作，创造新的业绩。

（3）将实力转化为业绩　不能与工作业绩挂钩的实力，是一种虚假的实力，是一种外强中干的实力。在职场上具有实力者是能够同工作业绩优秀画等号的人。将实力转化为业绩，要求每一个从业者将自己的工作能力服务于工作，外化为工作业绩，最终实现实力不断向工作业绩的转化。

13 用成果说服企业主考官

小江：“我是荆州理工学院毕业的大学生，所学专业是平面设计。我非常希望到广告公司就业，但招聘单位都以没有工作经验为理由拒绝我。我有七项平面设计实习成果是在企业实习过程中完成的。请问，我该如何使企业招聘主管认同我、录用我？”

姚先桥：“企业在招聘员工过程中，普遍重视应聘者的工作经验，而没有工作经验则恰恰是应届大学毕业生的软肋。如何使企业招聘主管认同和录用自己，我给你及应届大学毕业生的建议是用成果说服企业主考官。你在企业实习过程中完成了七项平面设计成果，这很可贵。这七项平面设计成果是说服企业主考官的重要依据。你要让企业主考官相信，你是能够胜任企业招聘平面设计岗位工作的。”

小江：“我有平面设计成果，就等于能说服企业主考官吗？我该如何说服主考官呢？”

姚先桥：“这个问题提得很好，求职者要有自己的实习成果，但并不等于就能说服企业主考官，说服主考官还要注重如下两个因素：一是求职者的成果最好有见证资料，如作品、证书、图片和企业提供的证明资料。因为，通常人们更相信事实，而不是口头上说的，企业主考官更是如此。二是要提高沟通表达能力。求职者在面试中，用成果说服企业主考官，离不开良好的沟通表达能力，如讲述一个事例，既要简洁、清晰，又要符合逻辑，还要生动、有趣。那些“茶壶里面装汤圆，有货倒不出”的应聘者，应该在沟通表达能力的训练上下工夫，不要小看甚至漠视这个能力。”

理论阐述：应届大学生求职，由于没有工作经验，在人才市场遭遇冷漠是一种十分普遍的现象，对于没有工作经验的应届大学生来说，充分向企业招聘主管展示自己的实习成果，就显得至关重要，用实习成果见证自己的工作能力和潜质是职业生涯的一大智慧，这比起没有任何事实依据在企业主考官面前说“我行”、“我能胜任这个工作岗位”更有说服力。有一个学汽车营销专业的大学生，将自己在实习过程中成功销售一台轿车的经历写了一篇文章，发表在大学的内刊上，应聘时将内刊拿给主考官看，这种实习成果就有很强的说服力，这能客观展示一个应聘者所具备的能力和职业素质，并得到企业招聘主管的认可和信任。事实胜于雄辩。应聘者的实习成果就是一种事实，因此，应届大学生要说服企业主考官，就要善于借助自己在实习阶段积累的成果，宣传、展示自己的才能。

方法指导

（1）整理成果资料　大学生在实习阶段结束后，要整理实习成果资料，如参加实习的经验总结，参加实习的工作照片，完成某项目工作的资料，从事营销职业的营销策划文案，从事新产品开发的设计图纸等。整理成果资料是将实习的成果去粗取精，提炼其精华的部分，使企业主考官考察应聘者见证成果的载体。

（2）善于展示成果　应届大学生仅有实习成果资料是不够的，还要善于展示成果。展示成果的目的是通过企业主考官目睹、阅读应聘者成果资料，增加对应聘者工作能力的了解和信任，提高应聘者就业成功率。作为求职者，要借助简历、图片、证明、获奖证书等方式，向企业主考官展示实习成果，赢得他们的认可和信任。

（3）提高表达能力　应届大学毕业生用实习成果说服企业主考官，需要提高表达能力。不仅要让企业主考官了解你、认识你，更要给他留下一个深刻和美好的印象。因此，求职者提高表达能力，是用成果说服企业主考官的一个重要方法。

14　员工如何参与绩效考核

小张：“一年一度的绩效考核即将开展。最近，我阅读了王晓娟记者在《楚天金报》发表的文章《煽情总结：真情还是作秀》。文章有一段内容写道：‘汉口一家教育咨询企业推广部的方莉，在总结汇报完今年的工作业绩后说到，由于工作繁忙，好几次说好陪儿子出去玩都爽约了，甚至有几次儿子病了，都无法抽时间亲自照顾，说着流下了眼泪，‘我对不起儿子’。对于这种作秀的工作总结，令同事有点意外。’在绩效考核中作秀，我并不赞同。你认为员工该如何参与绩效考核？”

姚先桥：“绩效考核工作同每一个员工的关系十分密切。企业的每一位员工该如何参与绩效考核工作？回答这个问题，我认为需要对绩效考核的作用加以认识。绩效考核在员工职业生涯发展中的作用，不仅体现在总结工作成绩上，更表现在能否发现自己的不足和原因，以及制订绩效改进计划，督促自己向着既定职业生涯发展目标努力前行上。员工若在绩效考核过程中作秀，不仅不利于个人职业生涯发展，反而会制约发展。这个观点值得我们铭记。”

理论阐述：企业员工绩效考核的作用，一是通过绩效考核，有利于建立企业人力资源管理新机制。即通过遵循公正、公开、客观、真实、结果导向的绩效考核基本原则，对员工工作业绩进行科学评估，有利于建立企业人力资源管理新机制，提高人事决策科学化水平，为员工薪酬调整、培训开发、年度评优、奖金发放、职务晋升或罢免、员工辞退等提供科学依据；二是通过绩效考核，有利于提升企业员工个人整体素质。绩效考核是提高员工整体素质的载体。绩效考核的一个重要目的就是要建立和完善优胜劣汰的人才竞争机制和环境。优胜劣汰不仅是人才竞争的规律，更是提高员工整体素质的规律，没有发挥优胜劣汰机制及其环境的作用，就不可能从根本上提高员工素质。发挥企业绩效考核的作用，离不开企业员工对绩效考核的认识，那种在绩效考核中作秀的表现，是不利于绩效考核达到提高员工整体素质目的的。

方法指导

（1）积极参与并客观评估自己和他人　员工参与绩效考核的程度愈高，对个人素质的提高和职业生涯发展就愈有利。积极参与不仅包括总结工作成绩，还包括反省自己工作中的不足，更包括学习优秀员工的工作经验。在绩效考核过程中要客观评估自己和他人。尊重自己和他人的工作业绩事实，并在业绩事实的基础上进行客观判断。客观评估自己和他人的工作业绩，是对自己、他人乃至企业高度负责的一种表现。

（2）善于倾听领导、同事对自己工作绩效考核的意见，尤其是“揭短”的意

见　绩效考核是人力资源管理的一项重要工作，绩效考核能为我们充分认识自己的不足提供一面镜子，只有善于倾听领导、同事绩效考核意见的人，才能发现自己的不足并有效地完善自己。在绩效考核中，不少员工习惯于别人对自己的工作成绩“歌功颂德”，而对他人给予自己的批评意见习惯口服心不服，甚至对提出批评意见人耿耿于怀。如果抱有这种心态，那么绩效考核对促进个人职业生涯发展的作用就微乎其微了。

（3）培养乐于向绩效考核优秀员工学习的心态　按企业员工绩效考核的惯例，企业每个年度的绩效考核都会评选出少数优秀员工。通过绩效考核方式评选出的优秀员工，都是我们学习的好榜样。见贤思齐是一种应当推崇的心态，若想成为优秀，就必须向优秀者学习。如果能培养乐于向绩效考核优秀员工学习的心态，绩效考核在个人职业生涯发展中的作用就会充分显示出来。

15 学习要着眼于职业生涯发展

小周：“我在一家企业从事人力资源管理工作，已经有三年多了。我现在准备读研究生，而且已经考取了研究生，专业是法学。现在面临的困惑是，如果读研究生，就要辞去现在的工作。我是否该选择读法学研究生？如果读研究生，是否有利于我未来的职业生涯发展？”

姚先桥：“我非常欣赏你的学习意识，一个有志于获得职业生涯成功的人，应该是把学习当做习惯的人。我这里所说学习的概念是广义的，在大学进修是学习，参加培训和自学等也是学习。你选择法学专业读研究生，我不知道是否为了职业转型或改行从事律师或法律顾问职业，如果你有这个职业梦想，可以去读研究生。倘若你想继续从事人力资源管理工作，我建议你选择报考人力资源管理专业，获得人力资源管理专业硕士学位，这对于你系统学习现代人力资源管理知识，提高人力资源管理能力将是一个极好的契机。有了多年人力资源管理实践经验，再到高校系统学习现代人力资源管理专业知识，将是一个明智的选择。”

理论阐述：学习（参加进修或培训等）是获得职业生涯未来发展的一个重要途径。职场竞争从根本上来说是学习力的竞争。吸收新知识、拓宽新视野、培养新技能永远是职场人士打造竞争力的核心因素。而吸收新知识、拓宽新视野、培养新技能应着眼于个人职业生涯发展的“根据地”，即自己所从事的职业或本职工作。学以致用，学习为提高工作能力和工作业绩服务，这是学习应遵循的一个重

要原则。因此，无论是到高校进修，还是参加培训及自学等，最好是同自己所从事的职业或相关工作有机结合，这样能够有效起到提高工作能力和工作业绩的作用，有利于个人职业生涯目标的实现。反之，学习的专业知识同自己所从事的工作结合不密切，甚至毫不相关，那么，这种学习不仅价值和作用不大，而且还会浪费宝贵的学习时间和精力。因此，选择学习的专业知识或内容很关键。作为职场人士，应选择同自己本职工作对口的专业知识或内容，并能同提高工作能力和工作业绩密切挂钩，这种着眼于职业生涯发展的学习才是最有价值的。

方法指导

（1）制定学习战略　在知识更新速度不断加快的社会背景下，通过学习这个载体，吸收新知识、拓宽新视野、培养新技能应贯穿于职业生涯发展的全过程。制定学习战略是指将进修、培训和自学等纳入个人职业生涯整体规划，使学习成为职业生涯规划有机的组成部分，使学习成为实现职业生涯发展目标的引擎。因此，制定学习战略有利于提高学习的目的性和实效性。

（2）学习与工作紧密结合　学习与工作紧密结合是指所选择学习的专业知识或内容要同所从事的工作有机结合，不要相互脱节。譬如，从事机电技术开发人员就要选择机电技术开发专业课程学习，从事营销策划人员就应参加营销策划专题培训，如此等等。学习与工作紧密结合，能确保学以致用，能有效提高个人工作能力和工作业绩。

（3）强化学习成果的应用　在工作实践中，善于应用知识是学习，而且是更重要的学习。实践表明，在课堂上学习专业知识有所启迪和感悟是远远不够的，更重要的是要将课堂上学到的专业知识在具体的工作实际中加以应用，以提高工作能力和工作业绩，这才是学习的根本目的。因此，强化学习成果应用的作用比如何学习更为重要。

16 潜心培养职业爱好

小吕："我是湖北第二师范学院的大专生，专业是多媒体设计与制作。我是一个性格比较外向的青年，不喜欢从事我所学的专业，想从事并爱好行政管理或市场营销工作，但我所学的专业又不是行政管理或市场营销，这无疑是求职的一道坎，对此我很郁闷，请问我该如何选择职业发展方向？”

姚先桥：“每个人都希望选择从事自己喜爱或感兴趣的职业，因为从事自己喜爱的职业有一种快乐的体验，更能够在职业上获得发展。但我需要与你沟通的是，一个人对某项职业的爱好有一个逐渐认识、形成并成为习惯的过程，没有人一生下来就对某项职业产生爱好，况且对某项职业的爱好是可以逐渐培养的。你学的是多媒体设计与制作专业，可以逐渐培养对这个专业的爱好，这个专业对你来说并没有什么‘仇恨’，只需潜心培养而已。你想从事行政管理或市场营销工作，但并没有从事过这两个职业，有什么理由说你爱好这两个职业呢？这种爱好很可能是你的主观想象，并没有在职业实践中得到验证。个人求职也好，职业发展也罢，在一般情况下，最好不要游离于所学专业之外，你现在需要培养对所学专业的爱好。”

理论阐述：对职业的爱好，能使人们在最大程度上发挥潜能，引导人们向更深的层面投入，并获得快乐的体验，直至职业生涯的成功。人们对职业的爱好，一方面需要潜心培养，认同职业固有的价值，从不爱好逐渐走向爱好，从爱好逐渐走向热爱；另一方面，需要提高职业胜任能力。一个人从事某项职业的胜任能力愈强，就愈能对该职业产生爱恋甚至热爱的情感。而一个职业胜任能力不强的人，很难对职业产生持久的爱好。笔者是一名培训师，在从业之初，我对培训师这个职业并没有特殊的爱好。伴随培训的学员不断增多，我的培训能力也受到了较大的挑战，后来，无论在授课过程中还是授课之余，我都潜心培养和提高自己的培训能力，如演讲能力、案例分析能力和解决培训实际问题的能力等。随着培训能力的提高，以及学员对培训课程及效果的认同，我逐渐加深了对培训师这个职业的爱好。对培训师职业的爱好，使我不断体验到从事培训师职业的快乐，这为提高我的培训能力注入了新的活力。

方法指导

（1）去掉职业固有的偏见　有的大学生在求职过程中，存在对职业“挑肥拣瘦”的现象，只要与其说起某项职业，就表示不喜欢或厌烦，而要其说出道理，也道不出所以然，这实际上是对某项职业的一种偏见。在对某项职业的性质以及对从业者专业知识、技能要求等不了解的情况下，不能轻言对某项职业的喜爱或厌烦。

（2）认同职业固有的价值　任何一项职业都有其固有的价值。教师的价值在于教书育人，导购员的价值在于为消费者推荐满足其需求的商品，如此等等。任何职业都不缺乏价值，问题的关键在于我们能否具有认同职业固有价值的智慧。大学生在择业的过程中，只要认同职业固有的价值，就能逐渐培养对该职业的爱好。

（3）提高职业胜任能力　在职业发展上有一个规律，就是对职业的爱好不等同于具有职业胜任能力，而具有职业胜任能力者，必定是对职业爱好的。因此，要想对所从事的职业产生爱好，就必须提高职业胜任能力，当职业胜任能力提高时，就会促进工作业绩的提高，一旦有了突出的工作业绩，反过来又会激发从业者对该职业的爱好，并最终形成职业爱好——职业发展的良性循环。

17 热爱所从事的职业

小郭：“我是从深圳回武汉的求职者，现在在电子行业企业从事品质管理工作，熟悉电子产品各种材料品质分析和标准的制定，通过对供应商的有效监督，保证材料合格率达到99.8%以上，与生产部门紧密配合，确保产品合格率达99%以上。我想咨询的问题是，我不想从事品质管理工作，能否换一个职业？”

姚先桥：“你做品质管理工作不是好好的吗？为什么要换一个职业呢？是否是因为对从事品质管理工作有一种厌倦感？”

小郭：“我认为在青年时代，应多从事几种职业，这样人生的阅历、经历会丰富一些。我对品质管理工作既没有厌倦感，也没有热爱感，我只不过是想多做几种职业，获得人生较多的经历。”

姚先桥：“我理解你想通过从事多种职业获得人生经历的想法，但你要知道就业是我们的一种谋生手段，是一个关乎生存和职业发展的大事，绝不是一种游戏，为了获得人生的经历，想多从事几种职业，我认为这从职业生涯战略角度来说是不可取的。一个人职业生涯的成功，不在于做过多少职业，而在于能否在一项职业领域获得企业或社会认可的工作业绩和成就。一个人有多少工作经历并不重要，重要的是在职业领域的发展与成就，一切着眼于职业发展与成就，这是职业生涯的一大智慧。基于这种思考，我建议你不要盲目职业转型，你做品质管理，而且积累了较丰富的经验，建议你继续选择品质管理工作，长期坚持下去，相信能在这一职业领域有所发展，有所成就。在某一职业领域获得发展，需要从业者坚守、再坚守，坚守10年都不算长。”

理论阐述：思考和处理职业生涯发展的诸多问题，如职业定位问题、职业转型问题等，要围绕一个目标，即着眼于职业生涯发展与成就，并用是否有利于职业发展与成就作为评价解决职业生涯发展诸多问题是否正确的重要标准，这样我们思考和解决职业生涯发展诸多问题就简单得多。职业经历是从业者从事一种或多种职业所历经的过程，职业经历的复杂与简单并不能作为评价一个人职业发展与成就的标准，为了追求丰富的职业经历，盲目职业转型，而不考虑职业生涯发展与成就这个职业发展的终极目标，那么，盲目职业转型会使自己职业发展偏离终极目标，使自己误入歧途，极不利于职业生涯发展。

方法指导

（1）理清职业发展目标　盲目的职业转型行为，其主要原因是职业发展目标不清晰，不知道自己最适合从事什么职业，最能从事什么职业。理清职业发展目标，不仅能使我们寻找到适合自己才能发展的职业，更能提高自己坚守所选择职业的信心。

（2）正确看待职业经历　将追求多种职业经历作为评价职业生涯发展的重要标准，是认识上的一大误区。个人职业经历是否丰富，与职业生涯发展与成就并没有直接联系。那种“样样通、样样松”的人，在职场上很难形成大气候。正确看待职业经历，有利于我们走出唯职业经历丰富论的认识误区。

（3）热爱所从事的职业　职业没有好坏之分，但存在适合与不适合的问题。如果我们同所选择的职业“磨合”了一段时间（两至三年），发现自己的职业兴趣、专业知识、工作能力等适合所从事的职业，那么就要培养对职业热爱的情感，有了对职业的热爱情感，实现职业生涯发展目标就不是一件难事。

18 打造个人品牌

王某：“我是一个参加工作三年的大学生，在职场上，相对于企业老板而言，我们是弱势群体，随时都会面临裁员或下岗的可能，因而工作压力比较大。我希望能做职场上的常胜将军，即永远为企业所欢迎、信任和重用。你认为，我该如何做才能实现这一目标？”

姚先桥："你提出的这个问题很好，我希望大家在职场上都能做常胜将军，其途径是打造个人品牌。人和有形的产品一样，也是有品牌的，只不过我们相当多的职场人士缺乏打造个人品牌的意识。打造个人品牌是个人职业生涯管理的重要内容，如果一个营销经理或研发工程师，在所从事的职业中培育并确立了独树一帜的个人品牌，那么，这预示着他们将在职业生涯领域拥有持久的竞争力直至获得成功。美国管理大师汤姆·彼得斯认为：'21 世纪的工作，已经从一份工作，追求一个事业，转变到建立专业品牌上。'如果我们要在职场上获得持续发展，做一个职场上的常胜将军，就一定要打造个人品牌。"

理论阐述：什么是个人品牌？个人品牌是指自己的品德修养、专业知识、工作作风、行为习惯以及工作业绩等因素在他人大脑中建立某种稳定、持续的认知。打造个人品牌就是要在别人心目中唤起一种美好的感觉。对此，美国个人品牌大师彼得·蒙托亚认为："你的个人品牌给人一种清晰、强有力的正面形象，别人一想到你，这种正面形象会浮现在他们的脑海中，它体现了你在别人心中的价值、能力以及作用，是你职业生涯的第二个自我，影响着别人对你的看法，把别人对你的看法变成机会。"要谈起打造个人品牌这个话题，先得从小品大王赵本山说起。赵本山作为一个演小品的职业演员无疑是成功的。在央视春节晚会的历史上，赵本山同黄宏、郭达、蔡明屡次较量，均以赵本山胜出告终。2005 年，他与崔永元在央视春节晚会演出的小品《说事儿》获得"我喜爱的节目"一等奖，这是他与合作者拿到的第八个"冠军"，究其原因在于赵本山在演小品的职业生涯领域十分注重打造自己的个人品牌。而实际上，赵本山从第一次上春节晚会就十分注重打造自己独特的个人品牌，如皱巴巴的帽子、半旧的中山装、盘腿的姿势以及浓厚的辽宁铁岭口音，展现出一个十分鲜活的具有泥土气息的东北农民。他以后的作品，如《卖拐》等多次深化了这种印象，慢慢开创了小品的"本山时代"，使赵本山的个人品牌得到了进一步巩固。赵本山的品牌价值及魅力达到了登峰造极的程度，令笔者叹为观止。很显然，打造个人品牌对于员工个人职业发展具有举足轻重的作用。

方法指导

（1）培养打造个人品牌的意识　要在整个职业生涯中，从人品、知识、能力、经验和业绩以及一言一行中有意识地打造个人品牌，在职场上展现个人人品、知识、能力、经验和业绩等方面的独特价值，并持之以恒，那么，我们就能逐渐塑造自己的个人品牌。

（2）精心策划个人品牌定位　打造个人品牌始于对个人品牌的科学定位，这包括职业定位、专业定位以及个人工作作风定位和服饰定位等。打造个人品牌应从个人品牌科学定位入手，为打造个人品牌提供依据。

（3）培养良好的工作习惯。工作是我们打造个人品牌的舞台，打造个人品牌不仅要有谋略，还要有行动，更要培养良好的工作习惯。打造个人品牌，需要培养良好的工作习惯作支撑，如兢兢业业、恪尽职守和乐于创新等习惯。如果我们与众不同的良好习惯一旦养成，那么，个人品牌的建立也就水到渠成了。

19　领导者要善于做员工的教练

小李："我从事的是智能监控产品销售工作，担任销售部经理。目前产品销售压力较大，原因主要是上司对部门的销售业绩不满意，我不知道如何排解销售工作压力？怎样让上司对部门销售业绩认可？"

姚先桥："你的销售团队素质如何？他们是否有销售智能监控产品的专业知识背景？他们的营销素质如何？"

小李："谈到营销人员的素质真的感到头疼，我是销售经理，但没有员工招聘、录用权，公司人力资源部招聘的业务员都是具有销售经验的人，如从事过空调、药品销售的人，但苦于没有销售智能监控产品相关专业知识背景，如大学所学的专业是工业自动化、计算机与网络工程和电子信息工程等，导致他们在产品销售过程中面临很大的知识障碍，你认为我该怎么做才能提高销售业绩？"

姚先桥："我非常理解你现在面临的工作挑战，我不知道你是否反省过自己，导致你所领导的销售部门业绩不高的真正原因。你或许认为原因在于员工，他们并没有销售智能监控产品的专业知识背景，但我认为原因在于你。作为部门经理，你没有带好团队，员工没有销售智能监控产品的专业知识背景，这不是他们的错，而是你的错，因为你没有对他们讲授销售智能监控产品的专业知识。作为领导者，要善于做员工的教练，我建议你要定期给下属员工讲课，不仅向员工传授智能监控产品的产品专业知识，更要传授市场营销领域的知识。员工的专业知识素质一旦提高了，他们就会受到顾客的信任，部门销售业绩的提高就是顺理成章的事情。"

理论阐述：任何一个企业的部门领导，在其职业生涯中都会遇到如何带领团队的问题，因为评价一个部门领导素质的高低、工作业绩的优劣，不仅是看部门领导的素质和工作业绩，更要看其领导的团队成员的素质和工作业绩。如果部门领导素质高，而团队成员素质低、工作业绩平平，那么，这种领导是不称职的领导；而有的部门领导个人素质不突出，而团队成员素质优秀，工作业绩高，那么，这种领导无疑是称职的领导。领导者要善于做员工的教练，领导者要善于扮演教练的角色，将自己的工作思路、计划、方法以及专业知识传授给员工，继而提高他们的工作能力和工作业绩，这是履行领导职责、提高领导业绩的有益选择。

方法指导

（1）转变传统领导角色观念　传统领导角色观念带有浓厚的决策、命令色彩，仿佛制定决策和下达命令就是领导工作的全部，这是传统领导角色观念的误区。现代领导角色观念除了制定决策、发布命令之外，做下属员工的导师、教练更为重要。如果领导者善于将自己的专业知识、工作的理念和方法传授给下属员工，使他们的专业知识素质和工作能力得到提高，那么，他们就能做好自己的本职工作。

（2）增强教练意识　增强教练意识是说领导者要善于将导师的意识渗透于日常各项管理之中。例如，当领导向下属安排工作时，要把对做好这项工作的思路、方法和要求等详细同下属交流；当领导者检查下属工作，发现他们难以按期完成工作时，应同他们分析工作流程和工作关键点，为提高工作效率提出指导意见，如此等等。由此可见，领导者安排、检查下属工作的过程，也是指导下属工作的过程。

（3）提高教练能力　成为员工的教练需要先提高教练能力，这包括：①学习能力。上司只有比下属掌握更多的知识才能有效指导下属。②沟通能力。对下属工作的具体情况给予指导，如对下属工作失误进行分析，提出改善意见，对下属工作提出合理化建议等。③培训能力。领导者是下属天然的培训师，通过口传手授的方式，将自己的专业知识、工作理念、方法、技巧等同下属分享，以提高下属的工作能力。

20　把握职业发展的节奏

小李：“在我骨子里有一种追求卓越的观念，我渴求做最好的自己。我不停采访，不停写稿，总有一种不能停下来的感觉。为此，我感到很累，我不怕做工作，而是担心自己工作业绩不够优秀。请问，我该如何解决这一问题？”

姚先桥：“我非常欣赏你有一种追求卓越的精神，但我不认同你‘总有一种不能停下来的感觉’。文武之道，一张一弛。每个人都有执著追求职业生涯目标的情感，但职业发展要有节奏，如职业发展的快慢节奏、职业成就的高低节奏。我们既要欣赏职业发展的快节奏，同时也要享受职业发展的慢节奏，快节奏有价值，慢节奏的价值也不可小视。总结过去的工作业绩，思考未来的发展计划，反省职业发展存在的问题等，这些都是属于职业发展的慢节奏，谁能否定上述职业发展慢节奏的价值？你之所以感到很累，原因在于没有把握职业发展的节奏，建议你及时调整一下职业发展的节奏，使之达到快慢有序、高低有序的状态。”

理论阐述：在把握职业发展的节奏方面，有一则故事值得交流。有一位考古学家，千里迢迢去找寻古印加帝国文明的遗迹。他雇佣了一些当地的土著人做向导，一行人浩浩荡荡地朝着丛林深处进发，到了第四天，土著人开始拒绝行动。原来，这里自古流传着一个神秘的习俗，在赶路时都会竭尽所能地向前冲，但每走上3天，便需要休息一天。“那是为了我们的灵魂，能够追得上赶了无数路的疲惫身体。”这则故事启示我们，在谋求职业发展的问题上，不要一味往前“冲”，只知进攻，而不知退却。每个人的职业发展都有其发展的客观规律，我们要善于把握职业发展速度的快与慢，职业发展成就节奏的高与低，职业发展速度，此时的慢是为了彼时的快作准备，职业发展速度，此时的低是为了彼时的高作铺垫。职场人只有深刻洞察这一点，才能有效把握职业发展的节奏。我国心理治疗师金韵蓉做客优米网《在路上》栏目时说：“我们要理解生命有高低起伏的时候，当它走到高潮的时候，我们一定要往前冲，当它走到低谷的时候，我们就一定要顺势而为，让全身柔软下来，让自己先安静下来、慢下来，积存一些能量。等生命之水开始往上走的时候，你已经集聚了很多能量，可以随着水流一起冲上去，那时候你会冲得很漂亮，而且你会喜欢自己，你不会怨叹生命。”这段话值得我们研读和领悟。

方法指导

（1）要高度认识追求职业发展是一个漫长的过程　在追求职业发展问题上，无所作为的观点是错误的，急于求成的观点同样也是错误的。文武之道，一张一

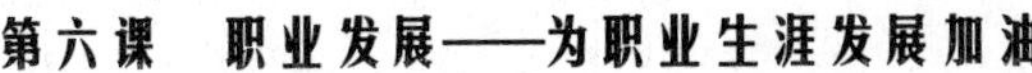

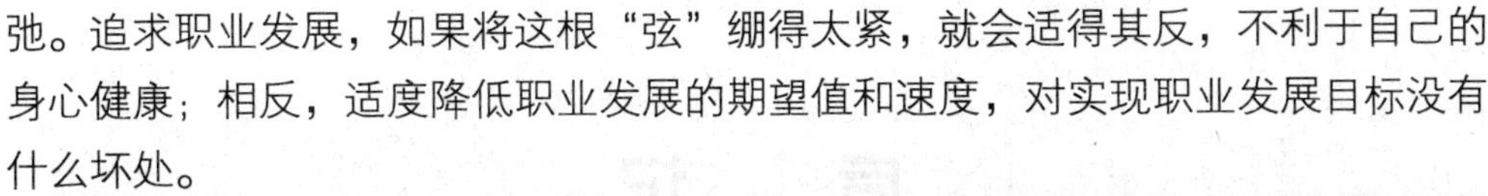

弛。追求职业发展，如果将这根“弦”绷得太紧，就会适得其反，不利于自己的身心健康；相反，适度降低职业发展的期望值和速度，对实现职业发展目标没有什么坏处。

（2）要学会享受职业发展的低潮期　个人职业发展的轨迹，就像大海的波涛一样，有高有低、有起有伏。每个人的职业发展都有高潮期、低潮期。职业发展的低潮期重在积累、学习和反思，为职业发展高潮期储备能量。因此，我们要学会享受职业发展的低潮期。

（3）确定职业发展的快慢速度　把握职业发展的节奏既是一种智慧，更是一门艺术。把握职业发展节奏的关键在于确定职业发展的快慢速度，什么时候要快，什么时候要慢，这要结合个人处于不同的职业发展阶段及其工作业绩的具体状况而定，使之快慢有度、有序，不断促进个人职业发展。

后　记

《职业生涯六堂课》一书的部分文稿曾在《楚天金报》、《华中人才周报》上发表。在本书即将付梓之际，我要向武汉华中新世纪人才开发交流有限公司总经理段兆、副总经理薛莉、猎头部经理杨丽、人事行政部经理徐世桥、市场部经理杨莎莎表示衷心感谢！没有他们为广大求职者提供公益性就业指导和职业生涯规划咨询服务的舞台，我就不可能为广大求职者提供就业指导和职业生涯规划咨询服务及其成果。同时，我要衷心感谢广大的求职者和职场人士，没有他们对我的信任，我是很难与他们分享职业生涯智慧的。

衷心感谢我国著名人才学家、中国人事科学研究院前院长王通讯对我的指导与培养；感谢《科学学与科学技术管理》杂志前副主编游思怡对我的指导与培养；感谢武汉市人事局前副局长周运理对我的培养与帮助；感谢武汉科技发展促进中心张政主任对我的培养与帮助；最后我要感谢我的妻子邵明琴、女儿姚苏娟对我的帮助！

撰写与出版《职业生涯六堂课》一书，就我的职业生涯为言，仅仅是职业生涯过程中的一个阶段性成果。我相信，我未来的职业生涯成果会更多、更丰硕、更辉煌！我更相信，广大读者的职业生涯成果同样会更多、更丰硕、更辉煌！

姚先桥

于 2012 年 7 月 11 日